AI와 아프리카

AI문고

인공지능 시대입니다. 기계가 인간의 인지를 대신하고, 사물이 인간을 통하지 않고 다른 사물과 직접 커뮤니케이션합니다. 이에 따른 인간 삶과 문명 변화를 정확히 이해 · 예측 · 대응하는 것은 이 시대 우리 모두의 과제입니다. AI문고는 인공지능 기술과 환경의 여러 주제를 10가지 키워드로 정리합니다. 관련 개념과 이론, 학계와 산업계의 쟁점, 우리 일상의 변화를 다룹니다. 인간과 기술의 현재, 미래를 세심히 분석합니다.

일러두기

- 인명, 작품명, 저서명, 개념어 등은 한글과 함께 괄호 안에 해당 국가의 원어를 병기했습니다.
- 외래어 표기는 현행 어문규정의 외래어표기법을 따랐습니다.
- 서문의 내용은 '전환기의 세계질서 재편과 아프리카-유럽 관계의 새로운 지평'이란 주제로 열린 2025 한국아프리카학회-한국유럽학회 공동학술대회에서 필자가 발표한 "아프리카 AI 주권과 디지털 거버넌스" 연구를 수정·보완하여 재구성한 것입니다.
- 본 저서의 내용은 아프리카 전문 학술지 《한국아프리카학회지》 74집에 실린 "AI 시대 아프리카 디지털 거버넌스 고찰: 데이터 프라이버시, 보호, 국가 안보, AI 주권 연계성 중심으로"와 76집에 실린 "AI 주권과 한국형 디지털 ODA 남남협력 모델" 논문의 내용을 토대로 했습니다.

처음이세요?

전문가세요?

AI와 아프리카

전온리

대한민국, 서울, 커뮤니케이션북스, 2026

AI와 아프리카

지은이 전온리
펴낸이 박영률

초판 1쇄 펴낸날 2026년 2월 13일

커뮤니케이션북스(주)
출판 등록 2007년 8월 17일 제313-2007-000166호
02880 서울시 성북구 성북로 5-11
전화(02) 7474 001, 팩스(02) 736 5047
commbooks@commbooks.com
www.commbooks.com

ISBN 979-11-430-1924-0 03500

책값은 뒤표지에 표시되어 있습니다.

차례

AI, 아프리카에게 기회인가, 위기인가?

인공지능(AI)은 단순한 계산기 이상의 존재다. AI가 가진 진정한 힘은 데이터에서 탄생한다. 그리고 AI는 데이터를 먹고 자란다. 수많은 데이터 속에서 패턴을 배우고, 인간의 사고와 언어, 삶의 자취를 익히며, 마치 자기만의 시각과 자기만의 프레임을 만들어가고 있다. 이 AI의 프레임은 결코 중립적이지 않다. AI가 세계를 바라보고 해석하는 방식에는, 그 안에 투입된 데이터와 정보를 선택한 사람, 즉 AI에 세상을 보여 준 사람의 시선이 깊고 진하게 남아 있기 때문이다.

그렇다면 이런 질문은 자연스럽게 생기기 마련이다. "AI에게 입력된 데이터는 누구의 이야기인가? 데이터의 목소리는 누구의 것인가? 그리고 답변으로 제공되는 삶은 누구의 것이며 누구를 위한 모델인가?" 만약 AI가 인간의 삶을 배운다면, 그 인간은 과연 누구인가? 그리고 AI는 어떤 인간을 기준 삼아 우리 모두를 정의하거나 판단하는 것일까? 이 질문은 기술적인 호기심을 넘어, 정치적이면서도 윤리적이고 편향적일 수밖에 없다. 그래서 AI 자체는 그 무엇보다도 우리 모두의 현재에 영향을 끼치며 우리 미래를 좌우할 중요한 화두일 것이다.

바로 이 지점에서 아프리카는 AI 시대의 거대한 변곡점 앞에 서게 된다. 아프리카 대륙은 지금, AI가 그려낼 미래 세계의 문턱에서 궁금해하고 있다. 문턱을 넘어 AI 문을 여는 순간, 미지의 세계가 결정지어질 것이다. AI가 아프리카에 도약의 기회가 될 것인지, 도전의 위협이 될 것인지 말이다. 그리고 동시에 아프리카를 바라보는 타자화(他者化)된 외부의 시선도 감당해야 할 것이다.

디지털 권력 문턱에 선 아프리카

디지털 혁신과 기술의 물결은 아프리카를 세계 최첨단의 역동 속으로 초대하는 동시에, 또 다른 모습의 통제와 수탈, 새로운 형태의 종속과 억압의 가능성과도 연결 짓는다. AI 기술이 발전할수록 데이터를 누가 소유하고, 누가 관리하며, 누가 해석권을 가지는가가 절대적인 힘이 된다. 즉, 데이터 주권이 없는 국가는, 자신에 대한 존재의 서사와 앞날의 가능성에 대한 타진을 포함한 모든 정보까지 외부의 해석과 결정에 맡길 수밖에 없다. 바로 이런 차원에서 아프리카 대륙이 직면한 AI 시대의 현실과 딜레마가 시작된다.

지금의 AI는 인간이 설계한 알고리즘대로만 움직이지 않는다. 생성형 AI는 데이터로 구성된 세계 자체를 새롭게 재해석 · 재구성하고 있다. 그 결과 우리는 데이터를 소유한 자가 세계를 재구성하는 시대에 들어왔다. 데이터 자체가 디지털 플랫폼 안에서 그리고 디지털 시대의 새로운 권력이 되었다. 데이터를 가진 자만이 세계를 정의하고, 미래를 설계하며, 만물을 표준화할 수 있는 전권을 거머쥘 수 있다.

이러한 패러다임에서 기회와 위험의 가능성이 발생한다. 데이터를 생성 · 관리 · 통제할 수 있는 권리인 데이터 주권이 없는 국가는 모든 정보에 관한 수정 · 보완 · 변경 · 해석에 관한 권한마저 외부인에게 빼앗기고 만다. 나에 대한 모든 정보의 관리와 통제가 외부에 의해 결정된다면, 우리는 나란 존재를 나답게 보여줄 수 없게 된다. 아프리카는 지금, 이러한 기술 권력의 문턱에 서 있다.

데이터 프라이버시와 AI 주권

인공지능(AI)은 이제 단순한 기술 혁신을 넘어서 국가 안보, 외교, 경제, 문화 전 영역을 바꾸는 전략적 자산이 되었다. 디지털 시대에 데이터는 새로운 석유라고 불릴

만큼 귀중한 자원이고, AI는 이 데이터를 만들어 내고 활용하는 가장 강력한 도구다. 국가의 미래 전략은 무기나 천연자원뿐 아니라 정보를 얼마나 효과적으로 수집 · 분석 · 활용하느냐가 승부를 가르며, 이 점이 각국 간 경쟁의 핵심이 되었다.

이와 같은 세계적인 디지털 전환의 흐름 속에서, 모바일 기술과 인터넷이 급속도로 퍼져나가고 젊은 인구가 디지털에 빠르게 적응하는 아프리카 대륙은 상당히 고무되어 있다. 이건 분명 희망적인 신호다. 그러나 그 거대한 변화의 파도를 마냥 즐길 수만은 없는 현실도 있다. 마치 파도타기 선수만이 거센 파도 위에서 여유로운 자태로 자유자재로 움직이듯, 디지털 역량이 충분히 갖춰진 국가들만이 디지털 시대의 새로운 기회를 즐겁게 맞이하며 흥겨워할 수 있기 때문이다. 반면, 경험과 준비가 부족하다면 급격한 변화는 두려움과 혼란만을 불러올 수밖에 없다.

이처럼 전환기가 도래한 글로벌 시대에서 아프리카가 디지털 기술과 AI를 어떻게 맞이하고, 어떻게 주도해 나갈지가 매우 중요하다. 단순히 외부 기술을 받아들이고 활용하는 것을 넘어, 아프리카가 스스로 데이터를 설계하고 운영하며 주권을 행사해야만 지속 가능한 발전이 가능해진다. 바로 이 점에서 데이터 프라이버시(data privacy)와 AI 주권(AI sovereignty)에 대한 이해가 필수적이다.

데이터 프라이버시는 개인과 공동체의 정보를 보호하는 기본 권리이며, AI 주권은 이 데이터를 국가가 자주적으로 관리·통제하는 능력을 뜻한다. 누가 데이터를 소유하고, 누가 그것을 어떻게 가공·활용하는지에 따라 국가의 힘과 영향력이 결정된다. 따라서 데이터를 단순한 소비재가 아닌 전략적 자산으로 인식하고, 이를 기반으로 정책과 체계를 세우는 것이 아프리카의 미래를 좌우할 것이다.

이 과정에서 한국과 아프리카는 협력과 공존의 새로운 길을 모색할 수 있다. 한국의 디지털 혁신 경험과 기술, 그리고 아프리카가 지닌 잠재력과 생동감 있는 시장이 만나 상호 발전의 가능성을 만들 수 있다는 점에서 양측 모두 데이터 주권과 AI 주권 확보에 깊은 관심과 노력이 필요하다.

그런 면에서 아프리카와 함께 우리도 지금 변화의 파도 앞에 서 있다. 물론 아프리카가 디지털 파도의 서퍼(surfer)가 되어 능숙한 파도타기가 될지, 아니면 그저 물결에 휩쓸려 물속으로 빠져들어 갈 수밖에 없는 존재로 남을지는 스스로의 준비와 선택에 달려 있다. 그리고 한국과의 동행은 그 여정과 과정에 큰 변수가 될 수 있을 것이다.

아프리카 주체성의 시험지인 AI 주권

데이터는 오늘날 정보화 시대의 핵심 자산이며, 사회가 지식을 축적하고 정책을 결정하며 국가 전략을 수립하는 데 가장 근본적인 토대 역할을 한다. 데이터를 어떻게 수집하고, 관리하며, 어디에 활용할지를 결정하는 일은 단순한 기술적 운영의 영역을 넘어선다. 이는 국가의 미래를 설계하고 주권을 행사하는 중대한 권한이자 힘이다. 그러나 현재 아프리카 대륙은 이러한 데이터 통제 능력이 현저히 부족한 상태다. 또한 행정 제도와 기술 인프라 역시 매우 취약한 상황이다. 이로 인해 데이터 주권을 확보하지 못한 국가들은 미래 디지털 시대에서 주체적으로 행동하기 어려운 구조적 한계에 직면해 있다.

이러한 현실에서 주목해야 할 핵심 개념이 바로 AI 주권이다. AI 주권은 단순히 서버를 물리적으로 자국에 설치하거나 알고리즘을 자체 개발하는 정도의 기술 자급자족을 의미하지 않는다. AI 주권은 데이터를 수집 · 해석하는 것부터 알고리즘 설계, 시스템 적용, 그리고 그 안에 투영되고 반영되는 문화적 · 윤리적 규제 체계에

이르기까지 AI 생태계의 복합적인 전 과정을 한 국가가 자율적이고 책임감 있게 관리·통제할 수 있는 능력과 권한을 뜻한다.

즉, AI 주권은 단순히 기술 보유 여부에 국한되지 않는다. 그것은 AI 기술에 내재된 복잡한 권한과 책임을 누가 어떻게 행사하느냐에 관한 문제이며, 국가의 정치적 자율성, 시민의 정보 권리 보호, 경제 전략과 산업 경쟁력, 집단 정체성, 그리고 표현의 자유까지 포괄하는 복합적이고 다층적인 개념으로 이해되어야 한다. 데이터가 사회를 움직이는 권력으로 자리 잡은 오늘날, AI 주권은 곧 국가 주권의 확장이며, 국가 구성원 모두의 미래를 지키는 필수적 조건이다.

더 나아가 AI 주권은 국제 관계와 글로벌 권력 구조에도 큰 영향을 미친다. 데이터와 AI 기술의 통제권이 곧 전략적 패권으로 작용하며, AI 주권을 확보하지 못한 국가들은 디지털 제국주의의 위험에 노출될 수 있다. 기술과 데이터가 해외에 종속된다면, 그 국가는 정보 통제 및 가치 결정에서 소외되고, 경제적·정치적 주도권을 잃게 된다. 따라서 AI 주권은 단순한 기술 독립성을 넘어 국가의 안전 보장과 지속 가능한 발전을 위한 전략적 필수 요소다.

또한 AI 주권은 시민 개개인의 권리 보호와도 직결된다. 무분별한 데이터 수집과 활용은 사생활 침해, 편향적 알고리즘에 의한 차별, 문화적 다양성의 배제 등 심각한 사회적 문제를 낳을 수 있다. 이에 대응하기 위해서는 투명하고 공정한 AI 거버넌스 체계 구축, 윤리적 AI 기술 개발, 그리고 시민 참여와 교육 강화가 병행되어야 한다. 아프리카 국가들이 AI 기술을 주도적으로 통제하고 설계할 때, 국민의 정보 자기결정권이 보장되고, 궁극적으로 디지털 민주주의가 실현될 수 있다.

다시 말해, AI 주권은 아프리카가 디지털 혁명의 주체로 서기 위한 문지기다. 이는 단순한 기술적 도전이 아니라 정치적 · 사회적 · 경제적 · 문화적 자율성을 회복하는 총괄적인 과제로서, 미래 세대를 위한 지속 가능하고 공정한 디지털 사회를 만드는 초석이다.

지금 아프리카가 AI 주권을 확보하는 데 실패한다면, 글로벌 데이터 경제에서 배제되고 기술적 종속에 머무를 우려가 크다. 반면 이를 실현한다면, 아프리카는 자신만의 고유한 가치와 정체성을 디지털 세계에 투영하고, 세계 무대에서 주도적인 목소리를 낼 수 있는 새로운 가능성의 문을 열게 될 것이다.

AI 식민주의, 플랫폼 식민주의

지금의 아프리카는 AI 생태계에서 과거 식민 통치를 받던 시대와 같은 상황을 재현하며 데자뷔 현상을 보인다. 아프리카 대륙 안에서 오가는 수많은 SNS 포스트, 대화형 음성, 이미지, 검색 기록 등 다양한 형태의 데이터가 글로벌 디지털 플랫폼 기업에 의해 대량 수집되고 있다. 그러나 아프리카 대륙은 여전히 AI 기술 수요국으로서 외부로부터 솔루션을 받는 입장에 머물러 있다. 다시 말해, 아프리카는 데이터 생산자이자 기술 수용자로서 이중적 종속 구조에 갇혀 있는 셈이다. 마치 알루미늄의 원자재인 보크사이트를 헐값에 팔고 알루미늄 제품을 비싼 값에 수입해 오는 기니(Guinea)처럼 말이다.

이러한 현상은 학계에서 AI 제국주의, 플랫폼 식민주의라는 용어로 지칭된다. 과거 식민지 시절 플랜테이션 농장처럼, AI의 혈맥은 아프리카인의 삶에 깊이 뻗어 있으나 통제권과 혜택은 외부에 집중되어 있는 것이다. 글로벌 기업들은 아프리카 데이터 수집에 대해 정당한 보상이나 협의 없이 이를 글로벌 AI 모델 발전에 활용하고 있다.

유럽연합(EU)은 일반데이터보호규정(General Data Privacy Regulation, GDPR)을 통해 데이터 프라이버시를 개인의 기본권으로 명확히 규정하고 있다. 데이터는 개인의 소유이며, 그 수집과 활용에는 반드시 명시적 동의와 철저한 통제가 필요하다는 원칙이 그 핵심이다.

그러나 아프리카의 많은 국가에서는 여전히 데이터 보호법이 초기 단계에 머물러 있거나 아직 마련되지 않은 상황이다. 또한 데이터를 공동체 중심의 행정 운영 도구로 간주하는 경향이 강하다. 이로 인해 시민 개개인은 자신의 데이터가 언제, 어떻게, 어떤 목적으로 활용되는지를 알거나 이를 거부할 권리를 제대로 행사하지 못하고 있다. 이러한 제도적 공백을 틈타 다국적 플랫폼 기업들은 아프리카 전역의 방대한 사용자 데이터를 수집해 해외 서버로 이전하고, 이를 토대로 글로벌 AI 모델 개발의 학습 재료로 활용하고 있다.

문제는 이것이 단순한 기술 격차의 문제가 아니라, 데이터 주권을 상실한 상태에서 벌어지는 구조적 불평등이라는 데 있다. 이 구조적 불평등은 단순 기술 격차를 넘어섰다. AI 시대의 권력은 데이터를 누가, 어떻게 통제하느냐에 달려 있으며, 이 통제권은 결국 AI의 윤리를 설계하고, 정책의 방향을 결정하며, 국가의 디지털 정체성을 구축하는 힘으로 작동한다. 아프리카 시민은 자국 내 디지털 환경에서도 자신의 언어와 문화가 반영되지 않는 AI 시스템에 의해 소외되는 디지털 이방인이 되어 가고 있다. 또한 이로 인해 디지털 거버넌스는 기술의 포용이 아닌 배제를 심화시키는 방향으로 작동할 위험이 크다. 이처럼 현실은 아주 냉혹하다.

참고문헌

전온리(2025a). "AI 시대 아프리카 디지털 거버넌스 고찰: 데이터 프라이버시, 보호, 국가 안보, AI 주권 연계성을 중심으로". 《한국아프리카학회지》, 74, 163~190쪽.

전온리(2025b). "아프리카 AI 주권과 디지털 거버넌스". 2025 한국아프리카학회-한국유럽학회 공동주최 '전환기의 세계질서 재편과 아프리카-유럽 관계의 새로운 지평' 학술대회 발표논문.

Prinsloo, P. & Kaliisa, R.(2022). Data privacy on the African continent: Opportunities, challenges and implications for learning analytics. *British Journal of Educational Technology, 53*(4), pp.894~913.

01
AI 속 아프리카, 아프리카 속 AI

인공지능(AI)이라는 새로운 패러다임을 기반으로 데이터 기반 디지털 플랫폼이 아프리카 대륙 속으로 깊이 스며들고 있다. 아프리카 역시 AI의 미래에 당당히 자신의 존재를 새겨나가기 위해 고군분투할 태세로 문턱에 서 있다. 디지털 혁명의 주체로 나아가기 위한 아프리카 대륙의 현황과 여정을 살펴본다. 특히, 아프리카는 유럽과는 다른 데이터 프라이버시 및 데이터 보호에 대한 인식과 정책으로 AI 분야에 접근하고 있다.

기후 위기와 인공지능?

아프리카와 유럽의 데이터 프라이버시 인식과 접근 방식의 차이

데이터 프라이버시(data privacy)는 개인의 정보가 언제, 어떻게, 어떤 범위까지 타인에게 공유되고 활용되는지를 스스로 결정할 수 있는 권리로 정의된다. 디지털 사회에서는 데이터 프라이버시가 단순한 사적 영역 보호를 넘어서 정보에 대한 통제권과 디지털 자율성을 의미하며, 이는 곧 시민의 권리이자 국가 주권의 문제로 연결된다.

유럽연합(EU)은 이러한 개념을 일찍이 제도화하며, 세계적으로 가장 강력한 개인정보 보호 규범인 GDPR(General Data Protection Regulation)를 마련하였다. GDPR는 데이터 주체의 동의, 정보 접근권, 수정 및 삭제권, 처리 제한 및 데이터 이동권 등을 포함하며, 모든 기업과 기관은 데이터 활용 이전에 사전 동의를 받아야 한다. 위반 시에는 최대 2000만 유로 또는 기업 총매출의 4%에 해당하는 벌금을 부과받는다. 이러한 규정은 시민의 기본권을 중심에 두고 AI 기술이 윤리적이고 투명하게 설계·운영되도록 한다는 유럽의 가치관을 반영한다.

반면, 아프리카에서는 데이터 프라이버시 개념이 도입 초기 단계에 머물러 있으며, 그 제도적 기반 또한 매우 취약한 편이다. 아프리카연합(AU)은 2014년 「사이버 보안 및 개인정보 보호에 관한 아프리카연합 협약(Malabo Convention)」을 채택하였으나, 2023년 기준 55개 회원국 중 단 14개국만이 이를 비준하였다. 이는 데이터 보호에 대한 정책적 우선순위와 실행력의 한계와 현실을 단적으로 보여 주는 지표다.

아프리카의 데이터 보호 접근 방식은 유럽과 비교했을 때 개인 권리와 인권 보호 차원보다 공공 행정과 국가 발전 중심이라는 점에서 구조적 차이를 보인다. 다수의 아프리카 국가에서는 데이터가 공동체 또는 국가의 자산으로 간주되며, 이는 행정 서비스 효율화나 보건, 교육 정책 개발 등의 목적에 따라 수집·활용되고 있다. 대부분의 아프리카 국가는 개인의 정보에 대한 삭제권이나 접근권보다 데이터 활용의 실용적 가치를 중시하는 경향이 강하다.

예를 들어 케냐는 2019년 「데이터 보호법(Data Protection Act)」을 제정하고, 국가 데이터 보호 위원회를 설치하여 행정적 체계를 갖추었지만, 여전히 실행력이나 시민 의식 측면에서는 부족함이 지적되고 있다. 나이지리아와 남아프리카공화국도 유사한 법적 틀을 마련하였으나, 기술 인프라와 인적 자원의 한계로 인해 제도의 실질적 구현에는 꽤 시간이 걸릴 예정이다.

이러한 제도적 미비는 아프리카 대륙이 데이터 수탈 구조에 노출될 위험을 높인다. 유럽은 개인정보의 국외 이전을 엄격하게 규제하며, 자국민 데이터가 제3국으로 넘어가지 않도록 통제하지만, 아프리카 다수 국가는 이러한 법적 장치가 없어 글로벌 IT 기업들이 자유롭게 개인정보 및 관련 자료를 수집하고 해외 서버로 이전하고 있다. 이는 AI 개발에 필요한 데이터 자본이 아프리카로부터 외부로 흘러나가는 디지털 식민주의(digital colonialism)의 구조를 고착화시킨다.

AI 생태계에서의 디지털 주권 확보와 자립

2024년 7월, 아프리카연합(AU)은 아프리카의 디지털 주권과 인공지능(AI) 생태계 자립을 위한 포괄적 청사진인 「대륙 인공지능 전략(Continental AI Strategy)」을 채택했다. 이 전략은 AI 분야에서 아프리카가 단순한 기술 소비자를 넘어, 미래 기술을 설계하는 주체로 도약하기 위한 결정적인 이정표와 같다. 데이터 주권 확보, AI 윤리 관련 제도 및 원칙 수립, 첨단 기술 인프라 구축, 그리고 AI 인재 양성까지 다양한 영역을 아우르고 있다. 또한 회원국들에게 국가별 AI 전략 수립을 촉진하는 것을 핵심 목표로 삼고 있다. 그래서 AI 분야에서의 포용적 개발과 아프리카 대륙 내 지역 간 협력을 기본 원칙으로 삼아, 2025년까지 22개국이 개별 전략을 마련하도록 계획하고 있다.

그러나 이 야심 찬 전략이 실질적 효과를 거두기 위해서는 각국의 제도 실행 역량이 함께 강화되어야 하지만 현실은 녹록지 않다. 대다수의 아프리카 국가에서는 개인정보 보호 기관이 부재하거나 그 권한이 제한적이어서, 시민들이 데이터에 대해 자신의 권리를 실질적으로 행사하기가 불가능한 상황이다. 이렇게 법적 · 제도적 기반이 미비한 상황에서는 데이터 주권 확보가 한낱 광고성 구호에 머물 가능성이 크다. 이를 극복하려면, 독립적이고 강력한 감독 기관 설립과 엄격한 법적 집행 메커니즘이 반드시 병행될 필요가 있다.

AI 분야 기술 인프라 또한 여전히 취약한 상황이다. 안정적 전력 공급과 고속 인터넷, 국가 단위 데이터센터 구축 등 AI 생태계의 기초가 되는 요소들이 대부분 국가에서 부족하거나 전무한 상태다. 클라우드 기반 데이터 저장은 구글, 아마존웹서비스(AWS) 등 해외 기업에 크게 의존하고 있으며, 이는 자국민 데이터가 국외로 무분별하게 이전되는 디지털 종속의 벽을 높이며, 주권 확보에 커다란 장애물이 되고 있다.

무엇보다 데이터 운영 관리의 중요성에 대한 인지와 인식 저조, 국가 내 인재 양성 체계의 부재는 AI 자립과 주체성 확보의 가장 큰 걸림돌이다. AI 분야 전문 연구자, 데이터 과학자, 디지털 윤리 전문가 등의 숫자가 절대적으로 부족하다. 그래서 대다수의 아프리카 국가는 AI 분야에서 전적으로 외부 컨설턴트와 외국의 기술 지원에 의존하고 있다. 이러한 현황은 AI 기술 도입이 아프리카만의 지속 가능한 혁신으로 나아갈 토대를 마련하고 정착시키기보다 단발성 보여주기식 프로젝트로 끝날 가능성과 위험성을 내포하게 만든다.

대표 사례로 케냐는 데이터 보호법 제정과 데이터 위원회 설치로 제도적 토대를 마련했으나, 집행 인력과 예산 부족으로 정책이 현장에 뿌리내리지 못하는 현실에 직면해 있다. 나이지리아와 남아프리카공화국도 법령은 있으나 정책의 연속성과 집행력 면에서 구조적 보완이 시급한 상황이다.

이처럼 아프리카는 디지털 주권과 AI 자립을 위한 여정에서 다층적 난관을 마주하고 있다. 그러나 대륙 인공지능 전략을 중심으로 한 통합적 노력과 각국의 점진적 개선 움직임이 병행될 때, 아프리카는 분명히 글로벌 디지털 경제 분야에서 독립적이고 주도적인 위치를 확보하며 미래를 주도적으로 설계할 수 있는 주체로 거듭날 잠재력이 충분하다.

이러한 아프리카의 AI 분야에서의 투구는 단순한 기술 혁신 차원을 넘어 주체성과 자율성, 그리고 지속 가능성이라는 시대적 과제를 함께 고려해야 한다. 그래서 아프리카는 AI 분야의 그 시작과 발전을 아울러 고민하며 고군분투하기 위한 문턱에 서 있는 셈이다.

AI 주체성과 자율성의 기로

아프리카는 2000개가 넘는 언어와 복잡다단한 민족 구성을 지닌 대륙으로, 이러한 풍부한 문화적 · 언어적 다양성은 디지털 세계와 AI 시스템의 범용적 설계에 취약점이 되고 있다. 현재 구글, 메타, 오픈AI 등 글로벌 다국적 기업들은 주로 영어와 프랑스어 중심의 대형 언어 모델(LLM)을 구축하며, 토착어에 기반한 데이터 축적에는 별다른 관심을 기울이지 않고 있다. 이로 인해 다수의 아프리카 현지 언어 사용자들은 AI 기술에서 소외되어 있다. 이는 디지털 정보 격차를 더욱 크게 벌리고 교육 불평등과 디지털 소외 현상을 심화시키는 요인으로 작용하고 있다.

더욱이 아프리카에서 AI 기술은 여전히 외국 기업들에 의해 설계되고, 대륙에서 수집된 데이터는 해외로 흘러가며, 이 기술은 높은 비용으로 아프리카 내로 역수입되는 구조를 구축하고 있다. 이러한 현실은 AI 원조가 아닌 데이터 수탈이라는 비판과 함께 디지털 식민주의라는 구조적 문제를 야기하고 있다. 글로벌 다국적 기업 주도의 AI 기반 개발 협력은 데이터는 아프리카에서 생산되지만, 기술과 경제적 이익은 주로 북반구에 집중되는 지식 기반 경제 분야의 불균형을 가중하게 만들고 있다.

이에 대응하여 케냐, 르완다, 가나 등 일부 아프리카 국가는 데이터 주권 확보를 위한 정책을 수립하고 윤리위원회를 구성하는 등 자구적 노력을 전개하고 있다. 또한 지역 기반 데이터센터 구축과 현지 언어에 최적화된 오픈소스 대형 언어 모델(LLM) 개발도 일부 시도하고 있으나, 재정적 한계와 전문 인력 부족이라는 현실적 걸림돌은 여전하다.

아울러 아프리카 시민, 특히 청년 세대의 디지털 리터러시 강화는 기술을 수용하는 피동적 주체를 넘어, 직접 기술을 설계하고 윤리와 규범을 제안하는 능동적 행위자로 거듭나기 위한 필수 요건으로 인식되고 있다.

결국, AI는 아프리카를 위한 혁신의 도구가 될 수도,

반대로 아프리카를 소외시키는 새로운 격차의 원인이 될 수도 있는 셈이다. AI 기술 도입 자체보다 더 중요한 것은 AI의 방향성과 운영 관리 구조의 주체성을 확보하는 일이다. 그래서 AI 기술 주체성과 운영 관리의 자율성 부문에서 아프리카는 미래를 스스로 설계할지 아니면 외부에 종속될지 선택해야 하는 갈림길에 서게 된 상황이다.

AI 속 아프리카의 전략적 과제

아프리카가 AI 기술을 사회 발전과 경제 성장의 기회로 전환하기 위해서는 무엇보다 사회적 신뢰 확보가 핵심 조건이다. 사회적 신뢰란 단순한 기술 수용을 넘어, 데이터의 활용과 운영 관리 및 통제 방식, 알고리즘의 설계 윤리, 그리고 AI 시스템의 책임 구조와 체계에 대한 사회적 합의를 의미한다.

이러한 신뢰는 법률적 · 제도적 기반이 뒷받침되어야 구축 가능하다. 구체적으로, 강력한 데이터 보호법, 독립적인 운영 및 관리 감독 기구, 구체적인 처벌 조항이 있는 제재 체계가 갖추어져야 한다. 이는 AI의 오남용을 방지하고 시민의 권리를 실질적으로 보호하는 수단이 된다.

동시에 AI 관련 정책에 관한 시민들의 참여는 정책의 정당성과 지속 가능성을 보장하는 열쇠이기도 하다. 공청회, 시민 자문단, 지역 사회 기반 협의체 등을 통해 기술 설계와 데이터 활용 정책에 대한 대중의 의견을 반영하는 구조가 필요하다. 물론 그러한 역할을 담당할 수 있는 수준의 시민 사회 역량도 성장해야 한다.

AI에 대한 신뢰는 기술만으로 하루아침에 형성되지 않는다. 디지털 리터러시와 AI 교육은 시민이 기술의 원리와 위험을 이해하고, 스스로 데이터 보호와 기술 활용에 주체적으로 참여할 수 있게 하는 기본 인프라다. 이는 특별히 청년 세대를 중심으로 한 AI 리터러시 역량 강화 프로그램 및 전략과 연계될 필요가 있다.

아프리카의 AI 주권은 데이터 주권, 기술 주권, 윤리 주권이 통합된 개념이다. 이를 실현하기 위해서는 단지 선언적인 홍보성 전략을 넘어 현지에서 데이터가 생성되고 처리되는 인프라, 즉 현지 데이터 호스팅 시스템 구축이 전제되어야 한다.

현재 다수 아프리카 국가의 데이터는 해외 클라우드 서버에 저장되어 있다. 이는 정보 주권의 실질적 상실이기도 하다. 국가 데이터센터 구축, 지역 데이터 주권 법제화, 국가별 데이터 국외 이전 관련 법규 및 제도적 기준 설정 등은 AI 주권의 핵심 과제다.

또한 AI 생태계 조성을 위한 고성능 컴퓨팅 인프라(HPC)도 필수 불가결한 요소다. 대규모 언어 모델(LLM) 학습, 알고리즘 개발, 실시간 데이터 처리 등을 위해서는 자체적인 AI 컴퓨팅 자원 확보가 절대적으로 필요하며, 이는 단기간에 이루어질 수 없는 중장기 전략 수립을 필요로 한다.

AI 거버넌스 구조도 전반적으로 정비가 필요하다. 아프리카연합(AU) 차원의 대륙 전략과 개별 국가의 정책이 단절되지 않고 유기적으로 연계되어야 하며, 이중 구조가 아닌 다중 수준의 조정 체계가 구축되어야 한다. 이를 통해 정책 일관성, 기술 상호 운용성, 지역별 역량 격차 해소가 가능할 것이다.

AI 인재 양성 또한 전략적 투자의 핵심이 되어야 한다. 단순한 프로그래밍 교육을 넘어서 데이터 윤리, 법률, 정책 분석, AI 사회 영향 분석 등을 포괄하는 다학제적이고 융합적인 AI 전문 인력 양성 프로그램이 필요하다. 이는 반드시 대학, 기업, 시민 사회의 삼각 협력 모델 속에서 민관 공동 플랫폼 형태의 PPP(Public-Private Platform) 형태로 구현되어야 한다.

다시 말해 아프리카가 AI 시대에 글로벌 해외 기업의

디지털 플랫폼에서의 단순한 소비자나 데이터 공급자 지위를 벗어나 주체적이고 자율적인 AI 기술 설계자이자 아프리카 자체적인 규범 창출자로 서야 한다는 것이다. 이를 위해서는 제도적 정합성, 기술적 인프라, 시민사회의 자율적이고 적극적인 참여, 교육 기반 인재 양성, 그리고 대륙 및 국가 간 전략적 연계가 유기적으로 작동해야 한다. 이러한 요소들이 바로 'AI 속 아프리카'가 '아프리카 속 AI'로 전환되는 터닝포인트가 되는 기본적인 전략적 요인들이다.

참고문헌

전온리(2025). "AI 시대 아프리카 디지털 거버넌스 고찰: 데이터 프라이버시, 보호, 국가 안보, AI 주권 연계성을 중심으로". 《한국아프리카학회지》, 74, 163~190쪽.

Ade-Ibijola, A. & Okonkwo, C.(2023). Artificial intelligence in Africa: Emerging challenges. *Responsible AI in Africa: Challenges and opportunities,* pp.101~117. Springer International Publishing.

Arakpogun, E. O. et al.(2021). Artificial intelligence in Africa: Challenges and opportunities. *The fourth industrial revolution: Implementation of artificial intelligence for growing business success,* pp.375~388.

Makulilo, A. B.(2024). Data Privacy in Africa: Talking stock of its development after two decades. *Data privacy law in Africa: Emerging perspectives,* pp.41~78. Pretoria University Press.

02

아프리카 AI 주권의 허와 실

아프리카 AI 주권은 데이터 통제권과 기술 설계 역량 확보를 통해 디지털 자율성을 추구하지만, 제도적 미비와 기술 인프라 부족으로 인해 홍보성 선언에 머물러 있다. 이를 극복하기 위해서는 지역 공동체 기반의 기술 생태계 구축과 함께 한국과 같은 기술 공유 파트너와의 수평적 연대와 협력을 통한 공동 작업과 거버넌스 강화가 필요하다.

노래하는 AI 보컬?

AI 주권 개념의 등장 배경과 의미

인공지능(AI)의 급속한 발전은 기술의 진보를 넘어 국가 주권, 정치적 자율성, 시민의 권리 보장 등 거버넌스 전반에 영향을 미치고 있다. 이러한 흐름 속에서 AI 주권(AI Sovereignty)이라는 개념이 국제사회에서 대두되기 시작했다.

AI 주권은 기본적으로 국가가 자국의 AI 시스템 설계, 개발, 적용, 규제 전반에서 외부 의존 없이 자율성과 통제권을 확보하려는 전략적 방향과 체계를 의미한다. 이 개념은 단순한 기술 독립성을 넘어서 데이터에 대한 주체적 권리 확보, 알고리즘 설계 권한, 고성능 컴퓨팅 자원 확보, 윤리 기준 정립 등 복합적인 요소를 포함하고 있다.

또한 AI 주권은 디지털 패권 시대의 국가 경쟁력의 핵심 지표로 간주되고 있다. 그래서 AI 주권은 AI 분야의 기술 확보가 아닌, 데이터 주권(data sovereignty)과 더불어 고성능 컴퓨팅 자원을 토대로 자율적인 알고리즘 설계 및 운영 관리 권한과 관련된 윤리적 기준의 자체적이고 독립적인 수립을 아우르는 거버넌스의 복합적인 전략이기도 하다.

특히 글로벌 데이터 자원에 대한 통제권을 확보하고

자 하는 AI 주권에 관한 담론은 데이터 식민주의(data colonialism)와도 맞닿아 있다. 데이터 식민주의는 AI 기술을 보유한 기업들이 정당한 대가 및 보상과 적법한 절차와 동의 없이 아프리카의 데이터와 노동력을 착취하여 자신들의 AI를 훈련하고 이윤을 창출하는 구조적 불평등 프레임을 비판하는 개념이다. 이에 대응하기 위해 AI 주권은 시민 권리 보장 및 공적 감시와 연계된 가치 기반 개념으로 발전하며 윤리성, 책임성, 투명성, 공정성과 같은 거버넌스의 요소까지 내포하고 있다.

이러한 AI 주권에 대한 개념 도입은 북반구에 있는 선진국 중심으로 논의됐기에, 그 기본 전제는 아프리카 지역의 현실과는 사뭇 다르다. 아프리카는 기술 인프라, 데이터 보호법, 정보권 인식이 상대적으로 취약하거나 전무한 상태이기 때문에 AI 주권 개념의 재해석과 재정의가 필요하다. 아프리카에서는 개인정보 보호와 데이터 통제가 개인의 인권 및 시민 권리 중심이기보다 국가 차원의 수혜 및 개발 모델을 위한 행정 중심 체계에 더 가깝다. 그렇기에 AI 주권도 아프리카의 전형적인 사회 형태가 녹아든 공동체 중심의 관점에서 재구성되고 재정의될 필요가 있다.

따라서 AI 주권이 아프리카 맥락에서 기능하려면 단

순히 외국 기준과 시각을 수용하는 것이 아니라, 아프리카 지역 사회의 권리와 실용적이고 타당한 실현 가능성을 토대로 재구성된 주권 모델로 구현되어야 한다. 이러한 모델은 현실화가 가능한 실행 전략과 역량 구축과도 연계되어야 한다. 왜냐하면 AI 주권은 데이터를 둘러싼 통제권 확보뿐만 아니라 AI 설계 · 운영을 통해 공공 정책, 윤리, 공동체 미래를 주체적으로 결정할 수 있는 정치적 권한의 핵심축이기 때문이다.

아프리카 AI 주권의 제도적·기술적 불균형

아프리카 국가들이 AI 주권 개념을 수용하고 이를 실행에 옮기려는 과정은 단순한 기술 이전을 넘어선 복합적 장벽에 직면해 있다. 이는 데이터 기반의 사회 운영 관리 역량, 알고리즘 통제력, 그리고 기술 내재화 수준의 구조적 부족에서 기인하는 제도적 · 기술적 불균형의 문제로 요약될 수 있다. 이러한 현실은 AI 주권 담론이 단지 홍보성이 강한 일방적인 선언으로 기록되게 만들 뿐이다. 결국, 결정적인 AI 주권의 요인인 실질적인 실행력과 집행력을 갖추지 못한 채 멋진 광고로만 기억될 것이다.

대부분의 아프리카 국가들은 여전히 데이터 보호와 활용을 시민 개개인의 권리 보장 차원에서 인식하고 접근하기보다 국가 행정의 효율성이라는 관점에서 수용하고 접근하고 있다. 그래서 공공 서비스의 효율적 제공이나 행정 현대화를 위한 자원으로 데이터를 인식하는 경우가 많다. 이러한 시각과 인지에 따라 시민 개개인의 데이터 자기결정권은 제도적으로 보호받거나 보장받지 못하고 있다.

또한 AI 기술 구현에 필수적인 데이터 저장소와 연산 인프라는 대부분 외국 기업의 서버와 클라우드 시스템에 의존하고 있다. 아프리카 대륙 내에서 생산된 데이터가 외부로 이전되어 처리되고 있으며, 알고리즘 설계와 그 생성 결과 역시 해외 플랫폼 중심으로 이루어지고 있다. 이러한 아프리카 배제 및 소외 현상은 디지털 플랫폼상에서 해외 AI, 선전국과 아프리카의 종속 구조를 더욱 고착시키는 핵심 요인으로 작용하고 있다.

이러한 종속 구조와 체계는 언어적 측면에서 더 뚜렷하게 나타난다. 현재 AI 대형 언어 모델(LLM)의 대부분은 영어, 프랑스어 등 식민종주국 언어를 기반으로 학습되어 운영되고 있다. 이는 다언어 사회인 아프리카의 지역 언어 사용자들을 구조적으로 배제하거나 강제로 소외시킨다.

식민종주국의 주요 언어가 아닌 아프리카 대륙 내의

다양한 현지 언어 기반의 AI 시스템을 개발하는 것은 AI 사용과 적용에 대한 보편적인 접근성과 포용성을 확보하며 AI 윤리적 범용성을 제고하기 위한 필수적 조건이기도 하다. 또한 아프리카 주체적인 정체성 보존과 확립 차원과도 맞물려 있다.

AI 주권을 실질적으로 확보하기 위해서는 공공 알고리즘의 오픈소스화가 중요한 전략이 된다. 공공 기관이 사용하는 AI 시스템과 알고리즘을 투명하게 공개하고, 지역 커뮤니티 및 연구 기관과의 공동 개발 체계를 구축하는 것은 기술 주권뿐 아니라 사회적 신뢰 기반을 확립하는 데 기여할 수 있다.

그러나 현실적으로는 다국적 기술 기업들이 여전히 데이터 주도권을 장악하고 있으며, 아프리카 국가들 간의 디지털 정책 일관성도 부족한 상태다. AI 관련 기술의 내재화 또한 제한적이어서, 법과 제도는 존재하되 이를 실제 기술적으로 뒷받침할 수 있는 역량은 미흡한 상황이다. 이러한 제도와 현실 간의 괴리는 AI 주권이 형식적으로는 채택되었으나, 실질적으로는 실현되지 못하는 구조적 문제를 낳고 있다.

AI 주권은 단순한 기술 수입이나 제도 도입의 문제가 아니다. 그것은 "누가 데이터를 소유하는가, 누가 알고리즘을 설계하는가, AI는 누구를 위해 작동하는가"라는 근본적인 정치적 물음을 내포한다. AI는 단지 기술이 아니라 권력의 형태이며, 기술 주권은 곧 정치적 자율성과 직결된다. 따라서 아프리카에서의 AI 주권은 데이터와 알고리즘의 통제권을 외부에서 내부로 회복하는 과정이자, 디지털 시대의 주체성 회복을 위한 실질적 전환 전략이라 할 수 있다.

이러한 전환을 실현하기 위해서는 아프리카 내부의 역량 강화와 지역 사회 참여를 바탕으로 한 기술 설계 생태계 구축이 필수적이다. 이는 정부 단독의 과제가 아닌 시민 사회, 지방 정부, 교육 기관, 스타트업, 국제 파트너가 함께 협력하는 다층적 거버넌스 모델을 통해 이루어져야 한다. 특히 데이터 인프라 조성, 고성능 연산 자원 확보, 독립적 데이터 보호 기구 설립, 디지털 전문 인력 양성, 시민 디지털 리터러시 강화는 AI 주권 확보의 핵심 조건으로서 유기적이고 통합적으로 추진되어야 디지털 탈식민화가 이뤄질 수 있다.

글로벌 사우스 연대로서의 한·아프리카 AI 협력

아프리카의 AI 주권 실현은 단일 국가 단위의 기술 · 제도 역량만으로는 달성되기 어렵다. 이는 다국적 기술 기업 중심의 글로벌 AI 질서, 기술 이전의 비대칭성, 표준화된 규범 형성에서의 주변화 현상 등 구조적인 한계에 기인한다.

따라서 아프리카 국가들이 기술 주권을 확보하기 위해서는 글로벌 사우스(Global South) 간의 전략적 연대와 상호 역량 공유가 필수적이다. 여기에는 기술 종속 체제에 공동으로 대응하고, 데이터 인권과 디지털 정의, 윤리적 기술 개발을 실현하기 위한 다자 협력 체계를 구축하는 중요한 과정이 포함된다.

이러한 맥락에서 한국은 중진국에서 디지털 선도국으로 성장한 이행 국가로서, 기술과 제도를 모두 경험한 복합적 사례로 주목받고 있다. 한국은 1990년대 후반부터 정보화 전략과 전자정부 시스템을 국가 차원의 전략으로 추진해 왔다. 그 결과 2023년 UN 전자정부 평가에서 세계 2위를 기록하며 디지털 공공 거버넌스 분야에서 선도적 역량을 입증했다.

또한 AI 윤리기준 제정, 공공 데이터 활용 정책, 디지털 시민 교육 등은 기술 중심이 아닌 사람 중심의 AI 생태계 구축을 지향하는 점에서 아프리카 국가들과 공유 가능한 경험이다.

2024년 한 · 아프리카 정상회의는 글로벌 사우스 연대로서의 한국과 아프리카 간 협력의 전환점을 마련한 중요한 계기가 되었다. 당시 채택된 공동선언문에서는 디지털 협력, 공공 데이터 활용, 청년 역량 강화, 기술 인재 교류 등이 주요 의제로 포함되었으며, 특히 인공지능 기술의 평등하고 포용적인 활용이 강조되었다. 이후 한국 과학기술정보통신부와 아프리카연합위원회(AUC) 산하 정보통신기술 부서 간의 공동 워킹그룹이 구성되어 AI 거버넌스와 데이터 윤리에 관한 공동 협력 방향이 논의되고 있다.

구체적인 협력 분야로는 먼저 아프리카 현지어 기반의 말뭉치 데이터 프로젝트가 있다. 2024년 한국 과학기술정보부는 한국지능정보사회진흥원(NIA)과 함께 '초거대 AI 확산 생태계 조성 사업' 목적으로, 탄자니아의 문화 · 규범 · 관습과 관련된 학습 데이터를 구축하는 프로젝트를 시행하였다. 이를 통해 아프리카 대표 언어인 스와힐리어 기반 AI 거대 언어 모델(LLM) 개발 연구의 초석이 마련되었다. 이러한 프로젝트는 아프리카 국가들이 언어 주권을 통해 AI 주권을 확장하는 대표적 모델로 평가받고 있다.

스와힐리어 LLM 사례는 한국이 단순 기술 공여국을 넘어, AI 공공재를 공동 생산하고 공동 소유하는 개발 파트너로 전환할 수 있음을 보여 주는 대표적 사례다. 개도국이 실제로 모델을 재학습하고, 성능을 감시하고, 자국 데이터로 개량할 수 있는 권리를 확보할 수 있는 이러한 구조는 기존 빅테크 모델과는 근본적으로 다른 협력 철학을 반영한다. 공여국의 기술을 이식하는 방식이 아니라, 수원국과 공여국이 협력 관계에서 공동 수행자로서 AI 시스템에 필요한 데이터와 관련 작업을 공동으로 협력하여 구축한다는 점에서 남남 협력의 새로운 방향성을 제시하고 있다.

또한 한국과 아프리카가 함께 글로벌 사우스 AI 거버넌스 협의체 설립을 추진하여 다자간 AI 윤리 선언 채택, 데이터 인권 조약 초안 마련, 남반구 기술 표준 공동 대응 등 서구 중심의 기술 질서에 대한 대안적 구조를 확장하는 것도 가능하다. 이처럼 아프리카의 AI 주권은 신뢰 기반의 파트너십과 공동 설계를 통해 더욱 구체적이고 실현 가능하게 구축되어야 한다.

참고문헌

전온리(2025a). "AI 시대 아프리카 디지털 거버넌스 고찰: 데이터 프라이버시, 보호, 국가 안보, AI 주권 연계성을 중심으로". 《한국아프리카학회지》, 74, 163~190쪽.

전온리(2025b). "AI 주권과 한국형 디지털 ODA 남남협력 모델:

스와힐리어 LLM 구축 사례를 중심으로”. 《한국아프리카학회지》, 76, 211~236쪽.

Ayana, G. et al.(2024). Decolonizing global AI governance: assessment of the state of decolonized AI governance in Sub-Saharan Africa. *Royal Society Open Science, 11*(8), 231994, pp.1~16.

Calzati, S.(2022). 'Data sovereignty'or 'Data colonialism'? Exploring the Chinese involvement in Africa's ICTs: a document review on Kenya. *Journal of Contemporary African Studies, 40*(2), pp.270~285.

Jeon, O. & Kim, K.(2024). Post-2024 Korea-Africa Summit: Analyzing Korea's Public Diplomacy Strategy and Prospects Towards Africa. *Journal of the Korean Association of African Studies, 72*, 3~33쪽.

Makulilo, A. B.(2024). Data Privacy in Africa: Talking stock of its development after two decades. *Data privacy law in Africa: Emerging perspectives*, pp.41~78. Pretoria University Press.

03
AI 시대 아프리카 디지털 거버넌스

AI 시대의 아프리카 디지털 거버넌스는 단순한 기술 도입을 넘어, 국가 주권, 정치적 안정, 시민 권리, 그리고 국가 안보를 아우르는 전략적 통치 체계로 진화하고 있다. 각국은 전자정부, 스마트시티, 언어 기반 정보 운영 관리 및 사이버 보안 등 다양한 방식으로 AI 주권을 확보할 필요가 있으며, 이는 기술 자립과 외부 의존 극복이라는 중대한 과제를 넘어야만 가능하다.

인공지능과 편향?

디지털 거버넌스와 AI 주권의 결합

AI 시대의 디지털 거버넌스는 단순한 기술 혁신을 넘어 정치적 권력과 주권의 새로운 형태로 진화하고 있다. 인공지능은 행정 효율성을 향상시키는 도구일 뿐만 아니라, 정보 흐름을 통제하고 정책 방향을 좌우할 수 있는 전략적 자산으로 간주된다. 이러한 변화 속에서, 국가가 자국 내 AI 시스템의 설계, 구현, 운영, 규제를 주도적으로 수행할 수 있는 능력, 즉 AI 주권은 디지털 주권의 핵심으로 부상하고 있다.

아프리카 각국은 전자정부 시스템, 디지털 납세, 헬스케어 정보 통합, 생체 인식 기반 주민등록 시스템 등을 중심으로 디지털 전환 사업을 활발히 추진하며 미래 AI 사회를 준비하고 있다.

예를 들어, 르완다는 Irembo 플랫폼을 통해 100개 이상의 정부 서비스를 온라인으로 제공하며 공공 행정의 디지털 혁신을 선도하고 있다. 나이지리아는 생체 정보 기반 유권자 등록과 디지털 여권 시스템을 도입해 디지털 거버넌스 구축의 초석을 다지고 있다. 이들 시스템은 단순한 서비스 제공을 넘어 AI 도입을 위한 인프라 역할을 하고 있으며, 행정 혁신과 더불어 AI 주권 확보와 긴밀하게 연결되어 있다.

또한 케냐의 실리콘 사바나(Savannah)인 콘자 테크노폴리스(Konza Technopolis)와 같은 아프리카의 스마트시티 전략은 단순한 도시 인프라 혁신이 아니라 디지털 거버넌스의 재구성된 플랫폼이다. 특히 교통 · 보건 · 에너지 · 보안 등 핵심 분야에서의 ICT 기반 데이터 통합은 행정 효율성을 높이는 동시에 국가-시민 간 권력 관계를 재구성하고 있으며, 이는 AI 주권의 구현을 위한 핵심 기반이 될 수 있다.

이러한 시스템이 외국 기술 플랫폼에 의존할 경우 데이터 주권이 외부에 귀속되는 위험이 발생한다. 즉, 스마트시티 기술이 국가 내부의 통제 메커니즘을 강화할 수도 있지만, 글로벌 ICT 기업에 의해 플랫폼 종속형 도시화로 전락할 가능성도 존재한다는 것이다. 따라서 AI 주권은 도시 기술 체계의 소유 구조와 운영 주체 문제로 연결되며, 이는 아프리카 국가들이 디지털 거버넌스를 통해 기술 주권을 확보할 수 있을지의 여부를 가늠하는 시험대이기도 하다.

그뿐만 아니라 AI 기술과 데이터는 곧 국가 안보와 직결된다. 외부 서버에 저장된 민감한 정보가 해킹이나 감시 및 통제로 이어질 위험이 있으며, 이는 국가의 정치적 안정과 주권에 심대한 위협이 된다. 실제로 케냐 선거관리위원회 서버 해킹 사건은 AI 기반 디지털 시스템이 단순한 행정 도구를 넘어 국가 안보의 핵심 현안임을 드러냈다. 따라서 AI 주권은 기술 보급의 문제가 아닌 국가 안보의 본질적인 문제로 인식되어야 한다.

아프리카 디지털 거버넌스 모델의 다양성

아프리카 대륙은 55개국으로 구성된 다층적이고 이질적인 정치 · 경제 · 사회 · 문화 구조를 가진 대륙이다. 아프리카 대륙의 다층적이고 다면적인 다양성은 디지털 거버넌스 전략에도 뚜렷한 차이를 만들어 낸다. 이러한 차이는 단지 기술 인프라의 유무를 넘어서, 국가의 정치적 의지, 정책 우선순위, 국제 협력 방식 등에 따라 복합적으로 형성된다. 특히 국가별로 디지털 전환의 속도와 방향이 다르게 나타나는 것은 ICT 도입에 대한 전략적 접근과 제도적 역량의 차이에서 비롯된다.

르완다는 디지털 헬스케어를 중심으로 디지털 거버넌스를 전략적으로 추진한 국가다. 2020년대 초부터 국가 차원에서 ICT 정책을 보건 분야에 통합해 왔으며, Mutuelle de Santé(community-based health insurance, 지역 사회 기반 건강보험) 시스템을 디지털화함으로써 국민 건강보험의 접근성과 효율성을 크게 향상시켰다.

이 제도는 모든 국민이 모바일을 통해 의료 서비스 등록, 보험료 납부, 진료 예약을 할 수 있도록 설계되어 있으며, 이는 보편적 건강 보장 디지털 실현 모델로 평가받고 있다. 이처럼 르완다는 디지털 기술을 사회적 평등 실현과 취약 계층 의료 서비스 지원 수단으로 적극 활용하고 있다.

케냐는 Huduma Kenya라는 통합 디지털 플랫폼을 통해 전자정부(e-governance)의 핵심 사례로 주목받고 있다. 이 플랫폼은 주민등록, 세금 납부, 운전면허 신청, 건강 정보 확인, 사업 허가증 발급 등 다양한 행정 서비스를 하나의 창구로 통합함으로써, 공공 서비스 접근성의 공간적 불균형을 줄이는 데 기여하고 있다. 특히 주요 도시 외곽 및 빈곤 지역의 주민들도 모바일 기기를 통해 주요 서비스를 이용할 수 있게 됨으로써, 디지털 포용성과 사회적 신뢰 기반을 동시에 강화하는 효과를 거두고 있다.

그러나 에리트레아, 차드, 남수단 등 일부 국가들은 여전히 전통적인 행정 방식에 의존하고 있으며, 디지털 전환이 미미한 수준에 머물러 있다. 이들 국가는 전력 또는 통신 인프라가 거의 구축되지 않았거나 정책 일관성 부족, 정치적 불안정, 국제 원조 의존 구조에 갇혀 있어 전자정부 구축 자체가 난항을 겪고 있다. 다시 말해 이러한 국가들에서는 AI 기술 도입을 위한 정보 접근을 위한 인프라 자체가 미비한 경우가 많다. 이는 아프리카 내에서 디지털 격차가 단순한 기술적 차원의 격차가 아닌, 정치적 · 제도적 차원의 거버넌스 결핍의 결과임을 여실히 보여 주는 것이다.

그래서 아프리카 디지털 거버넌스에 관해서는 특정한 하나의 표준 모델로 설명하거나 일반적이고 보편적인 대응 전략을 제시할 수 없다. 국가마다 처한 역사, 제도, 문화, 기술 수용력의 차이가 크기 때문에, 아프리카 대륙 차원의 단일한 디지털 거버넌스 모델은 존재하지 않는다. 대신, 각국이 처한 조건과 사회적 요구에 따라 국가별 맞춤형 전략을 설계해야 한다. 또한 정치 경제적, 사회 역사적, 언어 사회적 다양성을 제도적 틀로 수용할 수 있는 적응형 거버넌스(adaptive governance)가 필요하다.

AI 기술이 아프리카 디지털 거버넌스에 도입될 때, 이러한 국가별 차이는 더욱 두드러질 것이다. 따라서 AI 기반 디지털 거버넌스는 전환의 수준과 속도에 따라 국가별 접근법이 맞춤형으로 차별화되어야 한다.

아프리카 국가 안보와 연결된 디지털 거버넌스

AI 기반 디지털 전환이 진행됨에 따라 아프리카 국가들에서 디지털 거버넌스는 단순한 행정 효율화의 수단을 넘어 국가 안보의 핵심 도구로 빠르게 그 영역이 확산되고 있다. 특히 아프리카 도시의 스마트화 및 ICT 확산 과정에서 디지털 인프라의 취약성이 사이버 범죄, 정보전, 디지털 테러리즘의 주요 진입 경로가 되고 있다. AI 시대 국경은 더 이상 물리적 경계가 아니라 디지털 · 데이터 기반의 통치 공간임을 의미하는 디지털 국경(digital borders)이라는 개념이 등장했다. 이는 국가가 디지털 기술과 데이터 인프라를 통해 사람의 이동을 사전에 예측 · 선별 · 차단 · 사후 추적하는 비가시적 · 비영토적 국경 체계를 의미한다.

2023년 발간된 영국 에식스대학교(University of Essex)와 유엔 인권최고대표사무소(Office of the United Nations High Commissioner for Human Rights, OHCHR)의 공동 보고서에 따르면, 디지털 국경 거버넌스는 데이터 흐름과 정보 통제의 주권 경계를 의미하며, AI 시대의 새로운 안보 패러다임이자 보이지 않는 차별 기제로 주목받고 있다.

오늘날 국경 통제는 국경에서 사람을 직접 검사하는 방식이 아니라 AI와 알고리즘, 생체 인식, 대규모 데이터베이스를 활용해 사람들이 이동하기 이전부터 위험 여부를 판단하고 분류하는 방식으로 이루어진다. 또한 국경을 통과한 이후에도 이 데이터는 계속 활용되어 개인의 이동과 체류를 지속적으로 감시하고 추적한다. 이로 인해 국가는 단순히 영토의 경계를 지키는 것이 아니라 어떤 데이터가 수집되고, 공유되며, 차단되는지를 통제하는 새로운 형태의 주권을 행사하게 되었고, 이는 AI 시대의 새로운 안보 방식으로 작동할 수 있다.

그러나 이러한 디지털 국경은 국적, 출신 지역, 인종, 이주 · 이동 이력과 같은 요소를 기준으로 특정 집단을 자동으로 위험 집단으로 분류하는 경향이 있어 이러한 과정에서 보이지 않는 차별 기제가 나타날 수 있다. 문제는 이러한 차별이 사람의 판단이 아니라 알고리즘과 코드 안에서 작동하기 때문에 쉽게 드러나지 않는다는 점이다. 따라서 디지털 국경 거버넌스는 효율성과 안보를 내세우지만, 충분한 인권 보호 장치가 없다면 차별과 배제를 눈에 보이지 않게 제도화하는 통치 메커니즘이 될 수 있다는 비판적 평가도 받는다.

이러한 변화 속에서 탄자니아, 에티오피아 등 주요 국가들은 디지털 인프라를 기반으로 한 통제형 디지털 거버넌스를 강화하고 있다. 예를 들어, 탄자니아는 전자주민등록시스템(Tanzania National Identification Authority,

NIDA)을 통해 세수 기반 확대와 함께 국가 내 테러리즘 활동을 감시하고, 보건 · 교육 · 통신 시스템과의 통합을 통해 정교한 감시 체계를 구축하였다. 이는 단지 기술의 문제를 넘어서, 국가가 AI 및 데이터 시스템을 통해 '누가 어디에 있고 무엇을 하는가'를 실시간으로 파악할 수 있는 권력 기술로 전환시킨 것이다.

한국 정부가 공정 개발 금융(EDCF) 지원을 통해 시스템의 확장 및 운영 능력 강화를 지원한 이 NIDA 시스템은 탄자니아 주민의 법적 신원 등록과 신분 번호 발급, 디지털 데이터베이스를 통한 신원 확인 기반 구축, 공공 및 민간 서비스에서 식별 및 권리 확인 도구로 활용이라는 점에서 국가의 디지털 신원 체계의 중심 역할을 하며, 디지털 거버넌스 구조에서 핵심 인프라로 평가받고 있다.

에티오피아의 사례는 언어 주권과 정보 통제의 접점에서 해석될 수 있다. 에티오피아는 지난 수년간 인터넷 접속을 제한하거나 완전 차단하는 방식을 반복적으로 사용하며 디지털 통제를 강화해 왔다. 최근 연구에 따르면, 에티오피아는 2016~2024년 사이 약 30회 이상 국가 차원의 인터넷 차단 및 통제 조치를 취하였다. 특히 시위, 정치적 긴장, 분쟁 시기마다 이러한 디지털 검열과 통제를 동원하여 정치적 담론과 정보 유통을 억제해 정부에 불리한 논의와 비판을 원천적이고 강제적으로 차단해 왔다.

이러한 모바일 인터넷 접속 제한 조치는 비상사태의 일환으로 단순한 기술적 중단을 넘어, 공공 통신망 접속에 관한 디지털 통제 정책의 한 형태로 국민들의 정보 접근권과 표현의 자유를 사실상 중단시키는 결과를 초래했다.

한편으로 에티오피아 정부는 암하릭어 중심의 공공 정보 체계를 기반으로 디지털 커뮤니케이션을 설계하며, 지역 언어 기반의 온라인 담론을 엄격히 감시하고 통제해 왔다. 이러한 방식은 정권의 정치적 정당성을 유지하는 동시에, 분열적 내전 가능성을 통제하는 수단으로 기능해 왔다. 언어가 단순한 의사소통 도구를 넘어, 디지털 공간에서의 감시 및 통제 자원으로 재구성되고 있는 것이다.

이는 AI 기술과 언어 처리 시스템의 결합을 통해 더욱 정교한 감시 체계가 가능해졌음을 의미한다. 예를 들어, 다언어 음성 · 텍스트 감시 AI는 특정 언어 사용자 집단의 여론 동향, 집회 가능성, 급진주의 콘텐츠 확산 여부 등을 분석할 수 있으며, 이는 국가 안보 기관의 선제 대응을 가능케 한다. 그러나 이와 동시에 언어 감시 체제의 정당성, 윤리성, 시민 권리 침해 가능성이라는 문제도 제기되고 있다. 특히 언어 기반 정보 감시는 집단 간 불균형을 심화시키고, 표현의 자유를 제약하는 기술적 인프라로 악용될 우려가 있다.

또한 에티오피아 정부는 디지털 인프라와 디지털 경제 전략을 동시에 추진하고 있다. 2025년 발표된 Digital Ethiopia 2030 전략은 5G 확대, AI 기반 서비스, 전자정부 등을 국가 정책으로 채택하며 디지털 인프라의 확장을 목표로 하고 있다.

그러나 이러한 인프라 확충은 정부 주도의 통신망과 서비스 플랫폼을 기반으로 이루어지며, 동시에 통제권 강화와 결합되어 있다는 점이 특징이다. 즉, 정부는 디지털 인프라를 확대하여 경제 · 사회 서비스를 제공하는 동시에, 긴급 사태나 정치적 위기 시 해당 인프라를 통해 정보의 흐름을 제한하거나 조작할 수 있는 권한을 구조적으로 확보하고 있다.

이처럼 에티오피아는 디지털 인프라를 단순한 경제 성장 도구로만 활용하는 것이 아니라 인터넷 제어, 정보 차단, 긴급 권한 행사 등 정부의 정치적 · 보안 권한을 강화하는 방향으로 디지털 거버넌스를 설계하고 있다. 이는 디지털 기술이 통신과 정보의 민주적 접근을 보장하기보다 통제와 억압의 수단으로 작동할 위험을 보여 주는 대표적인 사례다.

AI 기반의 사이버 안보는 이처럼 권력의 집중과 시민 통제라는 양날의 검을 갖는다. 특히 디지털 통치 역량의 내재화 없이 외국 기술 플랫폼에 의존하는 경우, 국가 주권은 오히려 기술 공급자에 의해 잠식될 수 있다. 실제로 클라우드 인프라, 서버 위치, 알고리즘 설계가 외국 기업에 의해 통제될 경우, 데이터는 국가 내에서 생산되지만, 권력은 외부에 귀속되는 역설이 발생한다. 이는 사이버 안보를 포함한 디지털 주권의 문제를 다시 정치 · 외교의 차원으로 소환하게 만든다.

따라서 아프리카 국가들은 단순한 보안 솔루션 구매를 넘어 사이버 안보 전략의 내재화와 토착화, 그리고 윤리적 디지털 거버넌스 체계 수립을 병행해야 한다. 왜냐하면 아프리카에서 디지털 거버넌스는 단순한 효율적 행정이 아니라 국가 정체성, 안보, 정치적 안정과 직접 연결된 통치 기술로 작동하고 있기 때문이다.

참고문헌

전온리(2025a). "AI 시대 아프리카 디지털 거버넌스 고찰: 데이터 프라이버시, 보호, 국가 안보, AI 주권 연계성을 중심으로".

《한국아프리카학회지》, 74, 163~190쪽.
전온리(2025b). "AI 주권과 한국형 디지털 ODA 남남협력 모델: 스와힐리어 LLM 구축 사례를 중심으로". 《한국아프리카학회지》, 76, 211~236쪽.
Government of Ethiopia(2025). Digital Ethiopia 2030 https://www.pmo.gov.et/media/other/Digital_Ethiopia_2030.pdf
Khan, S. et al.(2024). ICT diffusion, E-governance, and sustainability in the digital era. *Sustainable Futures, 8*, 100272, pp.1~11.
McGregor, L. & Molnar, P.(2023). Digital border governance: A human rights-based approach. University of Essex & Office of the United Nations High Commissioner for Human Rights. https://www.ohchr.org/en/documents/tools-and-resources/digital-border-governance-human-rights-based-approach
Paradigm Initiative(2025). Internet shutdowns in Africa double since 2016. https://paradigmhq.org/press-release-internet-shutdowns-in-africa-double-since-2016/

04
아프리카 국제개발협력 AI 넥서스

아프리카를 대상으로 한 국제개발협력은 AI를 활용하는 지원을 넘어, 아프리카가 AI 디지털 생태계를 스스로 운영 · 개량 · 소유할 수 있도록 하는 주권 중심 구조의 AI 넥서스로 재구조화되어야 한다. 이를 위해 국제개발협력은 언어 · 문화 기반 AI를 공공재로 공동 구축하고, 접근권 · 운영권 · 개량권을 보장하는 AI 주권을 핵심 목표로 삼아야 한다.

청각장애인과 AI?

AI 넥서스로 여는 국제개발협력

아프리카의 디지털 전환은 더 이상 기술 도입의 문제가 아니다. AI, 클라우드, 사물인터넷 등으로 상징되는 디지털 전환은 행정 · 교육 · 보건 · 금융 · 노동 등 사회 전반의 의사 결정 구조를 바꾸며, 국가의 주권 체계와 경제 구조, 문화 정체성까지 재편한다. 특히 AI는 데이터와 알고리즘, 언어와 규범이 결합된 새로운 권력 구조를 형성한다.

문제는 오늘날의 글로벌 AI 생태계가 소수 빅테크와 영어 중심으로 조직되어 있어, 아프리카 주요 언어가 저자원 언어로 구조적으로 주변화된다는 점이다. 스와힐리어처럼 2억 명 내외의 화자를 가진 아프리카의 대표 언어조차도 충분한 말뭉치, 평가 체계, 공개 모델이 부재하면 결국 AI 언어 모델의 '사용자'로만 남게 되고, '데이터 공급원' 혹은 'AI 소비 시장'으로 편입될 위험이 커진다.

이러한 시대적 맥락에서 국제개발협력은 단순 장비 지원이나 디지털 리터러시 교육을 넘어, 아프리카가 AI 생태계를 운영 가능한 형태로 소유 · 관리하도록 돕는 방향으로 재구조화되어야 한다. 이 지점에서 'AI 넥서스'란, 국제개발협력-디지털 주권-AI 주권-디지털 공공재가 서로 맞물리는 결절점(結節點)을 의미한다.

디지털 주권은 외부 상품 · 외국 세력에 대한 과도한 의존 없이 디지털 인프라, 데이터, 기술, 서비스에 대해 스스로 통제 · 감독할 수 있는 능력으로 정의할 수 있으며, 크게 국가 주권(영토 기반 통제를 디지털 공간으로 확장), 데이터 주권(데이터의 보관 · 접근 · 활용 통제), 기술적 자율성(해외 플랫폼 · 기술 의존 감소), 이용자 자율성(시민의 선택권 · 프라이버시 · 알고리즘 투명성 강화)으로 구분할 수 있다. 그런데 AI 시대에는 이 디지털 주권만으로 충분하지 않다.

AI가 공공 서비스와 사회적 의사 결정에 직접 개입하는 상황에서 핵심은 AI를 쓸 수 있는 권리가 아니라 AI 시스템을 접근 · 운영 · 감사 · 개량 · 재학습할 수 있는 권리다. 따라서 AI 주권은 데이터 · 모델 · 가중치 · 평가 체계에 대한 접근권, 자국 인프라 혹은 자국이 통제 가능한 환경에서 모델을 운용하는 운영권, 재학습 · 정렬 · 성능 개선을 지속하는 개량권으로 구체화될 필요가 있다. 이 세 권리가 결합될 때, 아프리카는 외부 플랫폼의 '종속적 사용자'가 아니라 '공동 설계자 · 공동 소유자'로 전환할 수 있다.

이런 문제의식에서 한국형 디지털 ODA(official development assistance, 공적 개발 원조)는 새로운 비교

우위를 지닌 잠재력이 있다. 한국은 전자정부, 데이터 표준화, ICT 인프라 구축 경험이 축적되어 있고, 최근 AI 기본법을 통해 법 · 윤리 · 안전 차원의 거버넌스 논의까지 결합한 최적의 조건을 갖추고 있다. 특히, 한국은 글로벌 빅테크가 아니기 때문에 폐쇄형 모델 독점 구조를 재생산하지 않고도 협력 모델을 설계할 여지가 크다. 따라서 국제개발협력 분야에서 한국은 아프리카를 위한 '교육 → 인프라 → 플랫폼 → AI 주권'으로 연결하는 '디지털 생태계 사다리'를 한국형 디지털 ODA를 통해 제시할 수 있다.

여기서 핵심은 마지막 단계가 단순 AI 서비스 도입이 아니라, 파트너국이 AI 주권을 실질적으로 행사할 수 있는 공공재 기반 구조로 설계되는가다. 이 논리를 실증적으로 보여 주는 사례가 2024년 탄자니아 대상 스와힐리어 규범 · 문화 LLM 구축 프로젝트다. 이 사업은 스와힐리어 말뭉치(1억 단위 이상의 토큰/어절 규모), Instruction Q/A 데이터, 평가 데이터세트를 구축하고, 공개된 8B급 오픈 모델(Llama-3 계열)을 스와힐리어 특화 데이터로 파인튜닝한 뒤, 데이터 · 모델 · 가중치 · 평가 코드까지 전면 공개했다는 점에서 결정적이다.

단순히 모델을 만들어 주었다가 아니라, 현지 연구자

와 개발자가 내려받아 검증 · 개량 · 재공개할 수 있게 함으로써 접근권과 개량권을 제도화했다. 또한 탄자니아 파트너가 데이터 발굴 · 수집 · 정제 · 문화적 검수의 공동 주체로 참여함으로써 기술 이식형 원조(aid → transplant)와 다른 지원-개방(support and open) 구조를 구현했다. 이 구조에서는 공여국이 기술 · 파이프라인 · 학습 · 평가 · 공개를 지원하되, 결과물을 폐쇄하지 않고 공공재로 개방함으로써 파트너국이 운영권을 확보할 수 있는 환경을 제공하고 있다.

공공재로서의 언어·문화 기반 AI 주권 모델

언어 · 문화 기반 아프리카 AI 모델은 단지 현지화(localization) 차원의 모델만을 뜻하는 것이 아니다. 언어는 아프리카 사회에서 지식의 재현 방식, 교육과 행정의 접근성, 공공 정보의 신뢰를 좌우한다. LLM이 영어 중심으로 설계될수록, 아프리카 언어권은 공공 서비스 디지털화의 마지막 단계에서 배제될 수 있다. 따라서 아프리카를 대상으로 한 국제개발협력에서 가장 이상적인 AI 모델은 아프리카가 필요로 하는 디지털 ID, 공공 행정 자동화, 보건 · 교육 플랫폼, 사이버보안 역량을 단계적으로 구축하되 최종적으로 현지 언어 · 문화 맥락을 반영한 AI를 공공재 형태로 공동 생산하여, 파트너국이 이를 장기적으로 운영·개량할 수 있게 하는 것이다. 이것이 바로 국제개발협력 AI 넥서스의 핵심 명제다.

즉, AI는 개발협력의 도구가 아니라 주권과 권리의 문제이므로 공공재로 설계될 때 가장 큰 개발 효과를 가져오며 포용성·접근성·지속 가능성을 보장할 수 있다. 물론 한계도 분명하다. 현 시점의 대규모 학습·추론은 북반구의 클라우드·하드웨어 인프라에 의존하는 경향이 강하고, 개도국의 데이터 규범·보안·전문 인력·재정 지속 가능성도 제약 요인이다. 그러나 이러한 한계는 공공재 기반 협력을 포기해야 할 이유가 아니라, 오히려 국제개발협력이 함께 해결해야 할 과제다.

예를 들어, 공동 데이터센터·공동 연구소 설립, 청년 AI 인재 양성과 커리큘럼 구성, 데이터 거버넌스·프라이버시·AI 안전 규범의 공동 설계, 오픈 평가 체계(benchmarks) 구축을 ODA 패키지로 결합하면, 공공재형 AI 모델은 단발성 성과 차원을 넘어 아프리카만의 AI 생태계 조성 및 확장 차원에서 성사될 수 있다.

아프리카의 AI 모델은 국제개발협력의 지원을 통해 공공재 차원에서 구축·개방·공동 운영될 때 가장 이상적이다. 스와힐리어 LLM 사례는 아프리카가 AI 시스템의 단순 사용자를 넘어 공동 설계자 · 공동 소유자로 전환할 수 있음을 보여 주었다. 한국형 디지털 ODA가 지향해야 할 방향은 역량-인프라-플랫폼-데이터를 단계적으로 연결하되 마지막을 AI 서비스 공급이 아니라 AI 주권(접근권 · 운영권 · 개량권) 보장으로 완성하는 것이다. 이것이 'AI4D' 시대에 국제개발협력이 아프리카의 언어 다양성과 주권을 존중하면서도 실질적 발전 효과를 만드는 가장 설득력 있는 경로다.

AI4D를 넘어 AI 디지털 생태계 조성으로의 재구조화

AI4D(AI for Development)는 오랫동안 국제개발협력에서 'AI를 활용해 문제를 해결한다'는 패러다임을 대표해 왔다. 농업 생산성 향상, 보건 서비스 개선, 교육 접근성 확대, 재난 대응 고도화 등 개발 과제에 AI를 적용하는 것은 분명 중요하다. 그러나 최근의 글로벌 AI 질서는 빅테크와 영어 중심의 플랫폼 생태계를 강화하며, 개발도상국을 AI의 수혜자가 아니라 의존적 사용자로 고착시킬 위험을 함께 키우고 있다. 이때 AI4D의 핵심 질문은 더 이상 'AI를 어떻게 적용할 것인가'가 아니라 '누가 AI를 통제 · 운영 · 개량할 권리를 갖는가'로 바뀌어야 한다.

즉, AI4D를 넘어선 새로운 패러다임은 AI 프로젝트를 단발성 시범 사업으로 소비하는 것이 아니라 AI 디지털 생태계를 조성하는 방향으로 국제개발협력을 재구조화하는 데서 출발한다. AI 디지털 생태계 조성은 인프라-데이터-플랫폼-모델-인재-거버넌스가 상호 연동되는 구조적인 체계를 뜻한다.

개발협력에서 흔히 나타났던 ICT 장비 지원이나 단기 교육, 혹은 특정 분야에 한정된 서비스 플랫폼 구축은 각각 의미가 있으나, 이들이 서로 연결되지 않으면 지속 가능한 자립으로 이어지기 어렵다. 따라서 재구조화의 핵심은 단계적 · 연계적 시스템이다. 교육 → 인프라 → 플랫폼 → AI 주권의 디지털 생태계 사다리는 AI 디지털 생태계 조성의 가장 실천적인 프레임이 될 수 있다. 첫 단계인 교육은 단순 디지털 리터러시를 넘어 데이터 거버넌스, AI 윤리 · 안전, 사이버보안, 공공 서비스 설계 등 운영 역량까지 포함해야 한다. 두 번째 단계인 인프라는 디지털 ID, 네트워크, 데이터센터, 보안 체계 등 신뢰 기반 인프라를 의미하며, 이는 향후 AI 서비스의 공공적 확장을 좌우한다.

세 번째 단계인 플랫폼은 보건 · 교육 · 농업 · 행정 등 공공 서비스에서의 주목할 만한 성과와 효과적이고 효율적인 결과물을 만들어 내는 영역이다. 하지만 이 플랫폼이 외부 상용 솔루션에 종속되면, 결국 데이터와 운영권한이 외부로 빠져나가 플랫폼 의존이 심화될 수 있다. 따라서 마지막 단계인 데이터 · 모델 영역은 단순히 AI를 도입하는 것이 아니라 접근 · 운영 · 개량이 가능한 AI 주권을 실질적으로 보장하는 방향이어야 한다.

따라서 이 재구조화의 핵심 지표는 AI 주권의 3요소, 즉 접근권-운영권-개량권의 확보 여부에 달려 있다. 접근권은 데이터 · 모델 · 가중치 · 평가 체계에 대한 접근이 가능한가를 묻는다. 운영권은 자국의 통제 가능한 환경에서 모델을 배치하고 공공 서비스에 적용하며, 성능과 위험을 관리할 수 있는가를 의미한다. 개량권은 현지 언어 · 문화 · 정책 맥락을 반영해 재학습 · 정렬 · 성능 개선을 지속할 수 있는가를 가리킨다. 개발협력이 이 세 권리를 제도적으로 보장하지 못하면, AI4D는 결국 서비스 수입 혹은 외부 플랫폼 사용으로 귀결되고 만다. 반대로 이러한 세 가지 권리를 확보하면, 개발도상국은 AI의 단순 소비자가 아니라 공동 생산자 · 공동 소유자로 전환할 수 있다.

탄자니아 대상 스와힐리어 규범 · 문화 LLM 구축 사례는 이러한 전환을 보여 주는 실증적 예시로, 데이터-모델-가중치-평가 코드의 전면 공개를 통해 공공재 기반의 AI 생태계 설계 사례를 보여 주었다. 또한 파트너국이 사단법인 한국아프리카학회를 통해 데이터 발굴 · 수집 · 정제 · 문화 검수에 공동 수행 기관으로 참여함으로써, 전통적 '원조 → 이식'이 아니라 '지원-개방' 구조를 구현했다.

이런 구조는 개발협력의 목표를 AI 활용에서 AI 생태계 조성으로 이동시킨다. 즉 현지 연구자와 개발자가 공개된 자원을 내려받아 검증 · 개량 · 재배포할 수 있어야 생태계가 시작되며, 그때 비로소 언어 · 문화적 다양성이 AI 기술 내부로 들어온다. 물론 이 재구조화는 한계와 과제를 동반한다. 대규모 학습 · 추론은 여전히 북반구의 클라우드 · 하드웨어 인프라에 의존하는 경향이 강하고, 데이터 규범 · 보안 · 전문 인력 부족은 개도국의 지속 가능성을 제한한다. 그러나 이는 공공재형 AI 생태계를 포기해야 할 이유가 아니라 오히려 개발협력이 함께 해결해야 할 다음 단계 과제다.

그래서 공동 데이터센터 혹은 지역 단위 인프라 협력, 오픈 벤치마크와 평가 체계의 공동 구축, 청년 AI 인력 양성 및 산학 협력, AI 안전 · 책임 거버넌스의 제도화는 생태계를 지탱하는 핵심축이 된다. 특히 저자원 언어권에서는 모델 성능만큼이나 평가 체계가 주권의 토대가 되므로, 로컬 언어 기반 벤치마크와 데이터 카드·모델 카드의 공개는 개발협력의 필수 구성 요소로 포함되어야 한다.

결국 AI4D를 넘어 AI 디지털 생태계 조성으로의 재구조화란, 개발협력의 목표를 AI를 쓰게 하는 것에서 AI를 운영·개량할 수 있게 하는 것으로 바꾸는 일이다. 교육-인프라-플랫폼-모델을 단계적으로 연결하고, 그 최종 목표를 AI 주권(접근권·운영권·개량권)의 확보로 설정할 때, 개발도상국은 외부 플랫폼에 종속되지 않고 자국의 언어·문화·사회적 수요를 반영한 AI를 공공재로 축적할 수 있다.

이처럼 생태계 중심의 재구조화는 아프리카를 대상으로 한 국제개발협력이 AI 시대에 수행해야 할 가장 현실적이면서도 규범적으로 정당한 전환이며, 동시에 아프리카의 언어 다양성과 주권을 보장하는 가장 지속 가능한 발전 경로가 될 것이다.

참고문헌

김우영·전지현(2025). "국제개발협력에서 AI (Artificial Intelligence)

활용을 위한 윤리적 거버넌스 체계 탐색: KOICA(Korea International Cooperation Agency) 사업을 중심으로". 《국제개발협력》, 20(1), 145~174쪽.
박경열(2022). "디지털전환 시대 비판적 국제개발협력을 위한 이론적 고찰". 《국제개발협력연구》, 14(2), 1~20쪽.
전온리(2025). "AI 주권과 한국형 디지털 ODA 남남협력 모델: 스와힐리어 LLM 구축 사례를 중심으로". 《한국아프리카학회지》, 76, 211~236쪽.
주한나(2024). "국제개발협력에서 디지털 공공재의 역할과 과제에 관한 연구". 《국제개발협력연구》, 16(3), 37~58쪽.
AI Hub(2025). "탄자니아(스와힐리어) 규범 문화 말뭉치 데이터". https://www.aihub.or.kr/aihubdata/data/view.do?currMenu=115&topMenu=100&dataSetSn=71837

05
AI 기반 아프리카 스마트 농업

AI 기반 스마트 농업은 기후 변화에 취약한 아프리카 농업을 정밀한 데이터와 예측에 기반한 계산 가능한 농업으로 전환시키는 핵심 수단이며, 특히 청년 농업인과 디지털 플랫폼의 결합을 통해 생산성 · 회복 탄력성 · 식량 안보를 동시에 강화할 수 있는 구조적 대안이다.

AI 콘텐츠 크리에이터?

기후 변화 시대, 아프리카 스마트 농업

아프리카 농업은 오랫동안 기후 변화의 최전선에 놓여 있었다. 강우 패턴의 불안정, 반복되는 가뭄과 홍수, 토양 황폐화는 농업 생산성을 위협하는 구조적 요인으로 작동해 왔다. 문제는 아프리카 농업의 다수가 소규모 자영농에 의해 운영되고 있다는 점이다. 이들은 기후 변화에 가장 취약하지만, 동시에 가장 적은 정보와 자원을 가진 집단이기도 하다.

특히, 사하라 이남 아프리카에서 농업 활동은 국민의 50% 이상이 농업에 종사하고 있는 식량 안보 및 소득 창출을 위한 기반 산업이다. 그러나 기후 변화에 따른 기온 상승과 강수량 감소는 농업 생산성 하락에 직접적인 영향을 주고 있으며 농민들은 기후 변화에 대한 적응 역량과 기술 수준이 부족한 경우가 많아 농업 실패 확률이 증가할 가능성이 높다. 농업 생산성의 하락은 농산물 가격 상승으로 이어질 수 있으며 정부 차원의 식량 수급 계획이 미비할 경우 특히 취약 계층이 식량 안보 위기를 겪을 수 있다.

또한 사하라 이남 아프리카 기후 변화 대응은 농업 생산성의 문제를 넘어 역내 평화 문제로까지 이어질 수 있다. 이러한 상황 속에서 국제사회와 아프리카 각국 정부는 기후 변화에 대응하면서도 식량 안보를 확보할 수 있는 농업 모델을 모색해 왔고, 그 결과 등장한 개념이 바로 스마트 농업이다.

그중에서도 기후 스마트 농업(Climate-Smart Agriculture, CSA)은 단순한 농업 기술의 집합이 아니다. CSA는 세 가지 목표를 동시에 달성하려는 통합적 농업 전략 프레임이다. 첫째, 기후 변화에 대한 적응(adaptation), 둘째, 농업 생산성과 식량 안보의 증진(food security), 셋째, 온실가스 배출의 완화(mitigation)다. 즉, CSA는 '더 많이 생산하자'는 생산 중심 논리를 넘어, '기후 변화 속에서도 지속 가능한 농업 시스템을 어떻게 유지할 것인가'라는 질문에 대한 종합적 답변이다. 이 점에서 CSA는 단순한 기후 위기 관리 차원의 기술이 아니라 정책 · 제도 · 거버넌스가 결합된 통합적 접근과 관점으로 이해할 필요가 있다.

CSA에서 다루는 기술은 매우 다양하다. 토양 보전 농법, 혼합 재배, 가뭄 저항성 종자, 물 관리 기술 등이 대표적이다. 최근 CSA 연구에서는 위성 영상, 기후 데이터, 토양 센서, 드론 기술 등 농업 정보를 보다 정밀하게 수집할 수 있게 만드는 디지털 기술의 중요성이 점차 커지고 있다. 이는 농민의 의사 결정을 지원하는 새로운 가능성을 열어주고 있으나, 이러한 기술이 아직 아프리카 농업 현장 전반에 확산되어 적용되지 못하고 있다. 기술은 존재하지만, 이를 운영하고 활용할 수 있는 데이터 · 인력 · 정책 체계가 부족하기 때문이다.

또한 기후 예측, 작황 분석, 파종 시기 결정, 비료 투입 최적화와 같은 영역에서 머신러닝과 빅데이터 분석은 CSA의 효과를 획기적으로 높일 잠재력을 보여 주고 있다. AI 기반 농업 기술은 데이터 접근성, 디지털 인프라, 현지 맞춤형 설계가 전제되지 않으면 오히려 기술 격차를 조장할 수 있다는 한계점이 있다. 그럼에도 불구하고 AI 기반 스마트 농업 기술은 아프리카 농업 시스템 전반을 재설계할 방향성을 제시하는 차원에서 의미가 있는 도구다.

AI 기술을 활용한 정밀 농업 생태계 조성

기후 변화의 직격탄을 맞고 있는 아프리카 농업은 강수 패턴의 불안정, 가뭄과 홍수의 빈발, 토양 황폐화와 더불어 소농 중심 구조, 낮은 투입재 사용, 제한된 정보 접근이라는 구조적 한계를 안고 있다. 이러한 조건에서 기존의 경험과 관행에 의존한 농업 방식만으로는 식량 안보와 농가 소득을 안정적으로 유지하기 어렵다. 이 때문에 아프리카에서는 생산성과 회복 탄력성을 동시에 높일 수 있는 정확한 계산과 정밀한 정보를 토대로 수치적으로 예측 가능한 농업이 필수적인 대안으로 부상하고 있다.

최근 기후 변화에 따른 스마트 농업 분야에서 제시된 정밀 농업(precision agriculture)은 농업 활동의 공간적 · 시간적 차이를 데이터로 파악하고, 그에 맞춰 투입과 관리를 최적화하는 방식이다. 여기에 AI 기술이 결합되면서 정밀 농업은 한 단계 업그레이드되었다. AI는 위성, 드론, 센서, 기후 관측 장비로부터 수집된 방대한 데이터를 분석해 작물 상태를 진단하고 미래 위험을 예측한다.

특히 머신러닝과 딥러닝은 복잡한 기후 변수와 작물 반응 간의 관계를 학습함으로써, 인간의 경험만으로는 파악하기 어려운 패턴을 찾아낸다. 아프리카에서 AI 기반 정밀 농업이 적용되는 주요 분야는 작물 수확량 예측, 병해충 및 잡초 탐지, 토양 특성 분석, 관개 및 물 관리 최적화, 기후 리스크 예측 분야다. AI는 기후와 토양, 생육 데이터를 결합해 생산량을 사전에 예측함으로써 농가와 정책 결정자의 대응을 돕는다. 또한 컴퓨터 비전 기술을 활용해 작물 이미지를 분석함으로써, 초기 단계에서 병해충과 잡초를 탐지하고 처리함으로써 피해를 최소화할 수 있다. 그리고 관개와 물 관리에 최적화된 AI는 토양 수분과 기상 정보를 분석해 물 사용량을 줄이면서도 생산성을 유지할 수 있게 만든다.

그러나 AI 기반 정밀 농업의 가장 큰 문제는 데이터 부족과 품질이다. 아프리카 대부분 국가에서는 장기간 축적된 농업 데이터가 부족하고, 지역별 · 작물별 편차가 커 모델의 일반화가 어렵다. 또한 디지털 인프라와 전력, 통신 환경의 제약은 기술 확산을 제한한다. 소농 중심 구조 역시 문제다. 고가의 장비와 기술은 소규모 농민에게 접근성이 낮아, 기술이 일부 지역이나 대규모 농가에만 집중될 위험이 있다. 데이터 소유권과 프라이버시 문제도 향후 중요한 쟁점으로 남아 있다. 결국 AI 기반 정밀 농업의 성패는 기술 자체가 아니라 생태계 조성에 달려 있다.

데이터 인프라, 정책 지원, 농민 교육, 공공성과 포용성을 고려한 플랫폼 설계가 함께 이루어질 때 정밀 농업은 아프리카 농업의 지속 가능한 대안이 될 수 있다. AI 기술을 활용한 정밀 농업 생태계 조성은 단순한 생산성 향상을 넘어, 기후 위기에 대응하고 식량 안보를 강화하는 구조적 전환의 핵심 전략이라 할 수 있다.

AI 기반 청년 농업인과 디지털 플랫폼의 결합

앞서 살펴본 바와 같이, 아프리카 농업의 미래는 더 이상 토지와 노동력의 문제만으로 설명되지 않는다. 기후 변화의 가속, 농촌 고령화, 식량 안보 위기 속에서 농업은 이제 디지털 전환의 한복판에 놓여 있다. 이러한 전환의 핵심 주체로 최근 가장 주목받는 집단이 바로 청년 농업인이다. 이들은 스마트폰과 인터넷 환경에 익숙하고, 농업을 전통적 생계 수단이 아니라 기술과 데이터가 결합된 산업으로 인식한다. AI 기반 스마트 농업이 실질적인 변화를 만들어 내기 위해서는 바로 이 청년 농업인과 디지털 플랫폼의 결합이 결정적이다.

최근까지 기후 스마트 농업(CSA)은 아프리카 농업 정책의 핵심 개념으로 활용되어 왔다. 기후 변화에 적응하면서 생산성을 높이고, 동시에 환경 부담을 줄이겠다는 이 접근은 이론적으로 매우 설득력이 있다. 그러나 실제 현장에서는 정보 접근의 한계, 기술 활용 역량 부족, 정책과 농민 사이의 단절로 인해 기대만큼의 성과를 내지 못한 경우가 많았다. 최근 연구들은 이 한계를 돌파할 수 있는 열쇠로 디지털 기술, 특히 AI와 데이터 기반 플랫폼에 주목하고 있다.

AI 기반 농업의 가장 중요한 변화는 의사 결정 방식의 전환이다. 전통적으로 농업은 경험과 관습에 크게 의존해 왔다. 언제 씨를 뿌릴지, 어떤 작물을 선택할지, 비료를 얼마나 사용할지는 세대 간 전승된 지식에 따라 결정되었다. AI와 디지털 플랫폼은 이러한 결정을 데이터에 기반해 보다 정밀하게 만들 수 있다. 위성 영상, 기후 데이터, 토양 정보, 작황 기록이 플랫폼에 축적되면, AI는 이를 분석해 최적의 파종 시기나 병해충 발생 가능성을 예측한다.

청년 농업인은 이 정보를 스마트폰 하나로 받아보고 즉각적인 판단을 내릴 수 있다. 디지털 플랫폼은 단순한 기술 도구가 아니라 농업 생태계를 연결하는 인프라다. 하나의 플랫폼 안에서 농업 정보 제공, 교육 콘텐츠, 금융 서비스, 시장 접근이 동시에 이루어진다. 예를 들어, 모바일 기반 농업 플랫폼은 기상 정보와 작물 관리 지침을 제공하는 동시에, 수확한 농산물을 판매할 수 있는 온라인 시장과 연결된다. 여기에 디지털 금융 서비스가 결합되면, 청년 농업인은 생산 이력과 데이터에 기반한 신용 평가를 통해 대출이나 보험에 접근할 수 있다. 이는 농업을 불확실한 생계 활동에서 계산 가능한 경제 활동으로 전환시키는 중요한 계기다.

특히 청년 농업인은 이러한 플랫폼 환경에 빠르게 적

응할 수 있는 집단이다. 이들은 새로운 앱을 학습하는 데 부담이 적고, 디지털 네트워크를 통해 정보를 공유하며 혁신을 확산시킨다. 청년 농업인 집단은 디지털 플랫폼을 활용해 새로운 농업 관행을 만들어 내고 이를 지역 사회로 확산시키는 변화를 촉진하고 주도하는 촉매 역할을 수행할 수 있다.

물론 AI 기반 디지털 농업이 이러한 청년 농업인 집단을 통해 자동적으로 성공할 수 있는 것만은 아니다. 기술 접근성이 낮은 농촌 지역, 불안정한 전력과 통신 인프라, 디지털 교육의 부족은 여전히 큰 제약 요인이다. 또한 데이터 소유권과 프라이버시 문제도 중요한 쟁점이다. 농민이 생산한 데이터가 외부 기업이나 플랫폼에 일방적으로 귀속될 경우, 농업의 디지털 전환은 새로운 종속 구조를 낳을 위험이 있다. 따라서 디지털 플랫폼은 공공성과 투명성을 기반으로 설계되어야 하며, 농민이 데이터의 주체로 남을 수 있는 제도적 장치가 필요하다. 이 지점에서 정책과 거버넌스의 역할은 대단히 중요하다.

AI 기반 청년 농업인과 디지털 플랫폼의 결합은 시장에만 맡길 수 있는 문제가 아니다. 농촌 디지털 인프라 구축, 데이터 거버넌스 제도화, 청년 농업인 교육 프로그램, 스타트업과 공공 기관의 협력 구조가 함께 설계되어야 한다. 특히 아프리카의 경우, 국제개발협력은 단순한 기술 이전을 넘어 플랫폼 구축과 운영 역량을 함께 강화하는 방향으로 그 구조가 전환될 필요가 있다.

왜냐하면 AI 기반 스마트 농업의 핵심은 기술 그 자체가 아니라 누가, 어떤 구조 속에서 기술을 사용하는가에 있기 때문이다. 청년 농업인과 디지털 플랫폼의 결합은 아프리카 농업을 기후 위기에 취약한 부문에서 혁신과 기회의 공간으로 전환시킬 수 있는 현실적인 경로다. AI는 이 과정에서 농업의 불확실성을 줄이고, 플랫폼은 청년 농업인이 시장과 정책, 다양한 정보에 연결될 수 있는 통로를 제공한다. 이 두 요소가 결합될 때, 아프리카 스마트 농업은 추상적 개념을 넘어 아프리카 농촌의 일상 속에서 작동하는 실질적 전략으로 자리 잡을 수 있다.

참고문헌

강문수 외(2021). "기후 변화가 아프리카 농업 및 분쟁에 미치는 영향과 시사점". 《세계지역전략연구 보고서 (GR)》, 21-05. 대외경제정책연구원.

Aroba, O. J. & Rudolph, M.(2024). Systematic literature review on the application of precision agriculture using artificial intelligence by small-scale farmers in Africa and its societal impact. *Journal of Infrastructure, Policy and Development, 8*(13), pp.1~19.

Barasa, P. M. et al.(2021). A review of climate-smart agriculture research and applications in Africa. *Agronomy, 11*(6), pp.1~26.

Foster, L. et al.(2023). Smart farming and artificial intelligence in East Africa: Addressing indigeneity, plants, and gender. *Smart Agricultural Technology, 3*, pp.1~10.

Mollel, M. et al.(2025). Digital technologies to accelerate the impact of climate smart agriculture by next-generation farmers in Africa. *Frontiers in Sustainable Food Systems, 9*, pp.1~20.

06
AI 활용 아프리카 보건의료 혁신

AI가 의료 인력과 인프라가 부족한 아프리카 보건의료의 구조적 한계를 보완할 잠재력을 지니고 있지만, 그 성패는 기술 도입이 아니라 데이터 · 인프라 · 인력 · 거버넌스를 결합한 디지털 보건 생태계를 구축할 수 있는지에 달려 있다.

AI와 민주주의?

아프리카 보건의료 현황

아프리카 보건의료 체계는 오랫동안 구조적 제약 속에서 제한적으로 운영되어 왔다. 사하라 이남 아프리카 지역은 신생아 질환, 말라리아, 결핵, HIV/AIDS, 하기도(下氣道) 감염, 설사 질환 등 예방·관리 가능한 질병이 여전히 주요 사망 원인으로 주목받고 있다. 또한 의료 인력과 시설 및 장비 부족으로 인해 기본적인 의료 서비스 접근성조차 확보되지 못한 지역이 다수 존재한다.

이러한 환경에서 보건의료 시스템은 위기 대응 능력이 취약하고, 도시와 농촌 간 의료 격차 역시 제도적으로 고착되어 있다. 또한 감염 관리 역량 미흡, 공중 보건 위기 시 의사소통 체계와 1차 의료 및 지역 사회 보건 역량의 취약성으로 인해 보건의료 시스템 전반이 제대로 작동하지 못하는 구조적 한계도 동시에 지니고 있다.

그러나 국제 보건 규범 준수를 위한 보건의료 분야의 아프리카 거버넌스 수준은 세계 평균과 유사하게 구축되어 있으며, 최근에는 의료 인프라 부족을 보완하기 위한 대안으로 디지털 기술 도입이 빠르게 확산되고 있다. 특히 코로나19 팬데믹을 계기로 모바일 기반 의료 교육과 질병 관리, 원격 진료와 디지털 헬스케어, ICT 기반 보건 행정 시스템을 통한 효율성과 투명성 제고, 드론을 활용한 의약품 · 혈액 공급 등 다양한 디지털 솔루션이 보건의료 전반에 적용되고 있으며, 감염 경로 추적, 자가 진단, 통신 캠페인, 의약품 재고 실시간 모니터링 등 위기 대응 영역에서도 활용이 확대되고 있다.

아프리카는 세계 최빈 지역이자 보건의료 취약 대륙임에도 불구하고 휴대 전화 보급률이 절반을 넘고 인터넷 이용률도 빠르게 증가하는 등 ICT 확산 속도가 빠른 지역이기도 하다. 이러한 디지털 확산의 빠른 변화에 따라 WHO를 비롯한 국제사회 역시 AI 기반 정보 제공 등 디지털 보건 지원을 강화하고 있다.

이러한 흐름 속에서 한국의 ICT 기반 보건의료 ODA는 모바일 의료 진단과 정보 전달, 의약품 수급 모니터링, 디지털 보건 교육과 인적 역량 강화, 환자 데이터베이스 구축을 핵심 정책 방향으로 구축해 나가고 있다.

아프리카 보건의료 분야 AI 연구와 적용

인공지능(AI)이 아프리카 보건의료에서 갖는 의미는 단순히 첨단 기술의 도입이 아니다. 의료 인력이 절대적으로 부족한 상황에서 AI는 진단, 예측, 의사 결정 보조를 통해 기존 보건의료 체계의 한계를 보완할 수 있는 대체적 · 보완적 기술로 기능한다. 특히 의료 전문 인력이 부족한 1차 의료 현장에서 AI 기반 진단 지원 시스템은 의료 접근성을 실질적으로 개선할 수 있는 잠재력을 지닌다. 이러한 이유로 AI는 아프리카에서 선택적 기술이 아니라 구조적 문제에 대한 대응 수단으로 논의되고 있다.

AI는 진단 정확도 향상, 의료 접근성 확대, 보건 시스템 효율화라는 측면에서 전 세계 보건의료 분야의 핵심 기술로 부상하고 있다. 특히 의료 인력과 인프라가 제한적인 지역에서는 AI가 구조적 한계를 보완할 수 있는 잠재적 대안으로 주목받고 있다. 이러한 맥락에서 아프리카 역시 AI 기반 보건의료 혁신의 가능성이 자주 언급되지만, 실제 연구와 적용 수준에 대한 종합적 분석은 제한적이다.

2023년 발표된 과학 계량학 분석 연구는 아프리카 보건의료 AI 연구의 실태를 처음으로 체계적으로 조망했다는 점에서 중요한 의미를 지닌다. 해당 연구에 따르면, 지난 20여 년간 아프리카를 대상으로 한 AI 보건의료 관련 학술 연구는 총 26편에 불과하다. 이는 글로벌 AI 의료 연구의 급속한 성장과 비교할 때 매우 낮은 수치로, 아프리카에서 AI 의료 연구가 아직 초기 단계에 머물러 있음을 보여 준다.

현재 아프리카 보건의료 분야에서 AI 활용이 가장 활

발한 영역은 진단과 질병 예측이다. 남아프리카공화국을 중심으로 결핵 흉부 X-ray를 자동 판독하는 딥러닝 기반 시스템이 도입되었으며, 말라리아 감염 확산을 예측하는 모델도 여러 국가에서 활용되고 있다. 이러한 AI 기반 진단 기술은 의료진의 판단을 대체하기보다는 보조함으로써 진단 정확도와 속도를 동시에 개선하는 효과를 보이고 있다. 특히 영상 기반 진단은 데이터 구조가 비교적 명확하고, 임상적 검증이 가능하다는 점에서 아프리카 보건의료 환경에 상대적으로 적합한 적용 분야로 평가받고 있다.

AI는 치료와 정밀 의료 영역에서도 점진적으로 도입되고 있다. 일부 국가에서는 유전체 정보와 환자 데이터를 결합하여 개인 맞춤형 치료 전략을 모색하고 있으며, 약물 선택과 치료 반응 예측에도 AI가 활용되고 있다. 다만 이러한 정밀 의료 접근은 고품질 데이터와 연산 인프라를 전제로 하기 때문에, 현재로서는 남아공이나 나이지리아 등 일부 국가의 연구 기관에 국한되어 있다. 이는 아프리카 내부에서도 AI 보건의료 역량이 국가별 · 지역별로 불균등하게 분포되어 있음을 보여 준다.

보건의료 운영과 물류 관리 역시 AI 혁신이 두드러지는 분야다. 르완다의 드론 기반 혈액 및 의약품 배송 시스템은 AI 기반 물류 예측과 결합되어, 지리적 접근성이 낮은 지역에서도 긴급 의료 자원을 신속히 공급할 수 있게 했다. 이러한 사례는 AI가 의료 행위 그 자체뿐 아니라 보건의료 시스템 전반의 운영 효율성과 대응 역량을 향상시킬 수 있음을 보여 준다.

일부 국가에서는 병상 수요 예측, 의료 자원 배분, 공중 보건 위기 대응 시나리오 분석에도 AI가 활용되고 있다. 공중 보건 감시 영역에서의 AI 활용 역시 중요한 변화다. 감염병 확산을 조기에 탐지하기 위해 기후 데이터, 인구 이동 정보, 보건 통계, 디지털 플랫폼 데이터를 결합한 AI 기반 예측 모델이 케냐와 나이지리아에서 시도되고 있다. 이는 전통적인 보건 통계 체계가 취약한 환경에서 데이터 기반 의사 결정을 가능하게 하는 새로운 접근으로, 아프리카 보건의료 거버넌스 전환의 중요한 신호로 평가할 수 있다.

그러나 이러한 가능성에도 불구하고, 아프리카 보건의료 AI 혁신은 여러 구조적 한계에 직면해 있다. 가장 큰 제약 요인은 ICT 인프라 부족이다. 불안정한 전력 공급, 낮은 인터넷 접근성, 고성능 컴퓨팅 자원의 부족은 AI 시스템의 안정적 운영을 어렵게 만든다. 특히 농촌 지역에서는 AI 기반 원격 진료나 디지털 헬스 플랫폼이 기술적으로 존재하더라도 실제 현장에서 지속적으로 작동하기 어려운 경우가 많다.

데이터의 부족과 분절성 역시 핵심적인 문제다. 전자 의무 기록 시스템이 충분히 구축되지 않았고, 장기적 · 연속적으로 축적된 의료 데이터가 제한적이어서 AI 모델의 학습과 검증에 제약이 따른다. 데이터 표준화와 상호 운용성 부족은 국가 간 · 기관 간 데이터 연계를 어렵게 만들며, AI 활용을 파일럿 단계에 머물게 하는 요인으로 작용한다. 여기에 의료 데이터의 민감성을 고려한 프라이버시 보호와 사이버 보안 체계가 충분히 갖추어지지 않았다는 점도 중요한 장애 요인이다.

인적 역량의 한계 또한 간과할 수 없다. 의료진과 보건 행정 인력의 디지털 이해도와 AI 활용 역량이 충분하지 않은 상황에서, 기술 도입은 오히려 현장의 혼란을 초래할 위험이 있다. 다만 여러 사례에서 확인되듯이, 적절한 교육과 훈련이 제공될 경우 의료진의 기술 수용성은 비교적 높게 나타난다. 이는 AI 혁신의 핵심이 기술 자체가 아니라 역량 강화와 제도 설계에 있음을 시사한다.

보건의료 분야에서의 AI 연구는 남아프리카공화국, 나이지리아, 가나, 케냐 등 일부 국가에 집중되어 있으며, 다수의 아프리카 국가는 관련 연구가 거의 존재하지 않는 상태다. 이러한 편중은 연구 인프라와 대학 · 연구 기관의 지역적 불균형 현실을 여실히 보여 주고 있다. 연구 협력 구조 또한 취약하다. 관련 연구에서 저자 간 협력 네트워크는 매우 제한적이며 지속적인 연구 집단이나 범아프리카적 연구 클러스터가 형성되지 못하고 있다.

이는 AI 보건의료 연구가 개별 연구자나 단기 프로젝트 중심으로 이루어지고 있음을 의미하며, 장기적 축적과 확산이 어려운 구조임을 시사한다. 더 나아가 연구 참여자 중 상당수는 유럽이나 북미 소속 연구자로, 아프리카 내부 주도의 연구 생태계가 아직 충분히 형성되지 않았다는 점도 드러난다.

기술적 측면에서 아프리카 보건의료 AI 연구는 특정 영역에 편중되어 있다. 딥러닝과 머신러닝을 활용한 의료 영상 분석이 주를 이루며, 결핵, 당뇨성 망막병증, 암 진단과 예측이 주요 AI 적용 분야다. 반면, 1차 보건의료, 만성질환 관리, 공공 보건 정책 지원과 같은 영역에서의 AI 활용 연구는 매우 제한적이다.

이러한 보건의료 분야 AI 연구 확산의 가장 큰 제약 요인은 데이터와 인프라의 부족이다. 전자 의무 기록 시스템이 충분히 구축되지 않았고, 장기적으로 축적된 의료 데이터가 제한적이어서 AI 모델 학습과 검증이 어렵다.

여기에 불안정한 전력 공급, 통신 인프라의 한계, 연구 재원의 부족이 겹치며 AI 의료 연구는 파일럿 단계에 머무르는 경우가 많다. 또한 데이터 보호, 프라이버시, 사이버 보안에 대한 제도적 장치가 미비하다는 점도 AI 도입의 장애 요인으로 지적된다.

보건의료 디지털 생태계 조성 과제

아프리카 보건의료 혁신에서 AI의 핵심 쟁점은 기술을 도입하느냐의 문제가 아니라 AI를 장기적으로 운영·관리·통제할 수 있는 디지털 보건 생태계를 구축할 수 있는가에 있다. AI는 이미 진단, 치료 지원, 공중 보건 감시, 의료 물류 등 다양한 영역에서 가시적인 성과를 보여주고 있으나, 이러한 성과가 지속 가능한 혁신으로 이어지기 위해서는 인프라, 데이터, 인적 자원, 법·제도적 기반이 유기적으로 결합되어야 한다. 이 중 어느 하나라도 결여될 경우 AI 활용은 단기적 시범 사업 수준에 머물 가능성이 크다.

따라서 아프리카 보건의료 디지털 생태계 조성의 출발점은 국가 차원의 보건 데이터 정책과 책임 있는 AI 거버넌스 확립에 있다. 의료 데이터의 수집·저장·활용에 대한 명확한 정책과 공공 데이터 거버넌스 체계가 마련되지 않으면, AI 시스템은 신뢰성과 투명성을 확보하기 어렵다.

여기에 더해 현지 연구자와 의료인의 디지털 역량을 강화하고, 장기적 관점에서 기술 이전과 공동 연구를 지원하는 국제 협력이 병행되어야 한다. 이는 단순한 기술 지원을 넘어, 보건의료 AI를 운영할 수 있는 제도적·인적 기반을 구축하는 과정이다.

이러한 맥락에서 AI는 아프리카 보건의료 혁신의 도구이자 동시에 시험대라 할 수 있다. AI를 외부에서 개발된 솔루션으로 받아들여 사용하는 데 그칠 경우, 아프리카는 글로벌 보건의료 AI 질서에서 종속적 사용자로 남을 수밖에 없다. 반면 AI를 공공재로 설계하고, 데이터와 모델, 시스템 운영에 대한 통제 역량을 축적한다면, AI는 보건의료 접근성과 형평성을 실질적으로 개선하는 핵심 수단으로 작동할 수 있다.

이를 위해서는 AI 의료를 개별 기술 도입 차원이 아닌 보건의료 디지털 생태계 구축 과제로 인식하는 관점 전환이 필요하다. 보건의료 AI 및 데이터 정책, 공공 데이터 거버넌스, 윤리와 책임성에 대한 제도 설계, 현지 인재 양성과 연구 생태계 조성, 그리고 지속적인 국제협력이 동시에 추진될 때 비로소 생태계는 작동하기 시작한다. 특히 외부 기술 의존을 넘어, 아프리카의 질병 구조와 사회적 · 문화적 맥락을 반영한 AI 모델을 자체적으로 설계 · 운영할 수 있는 역량을 축적하는 것이 핵심 과제로 부상한다.

결국, 아프리카 보건의료 AI의 미래는 기술의 성능이나 도입 속도에 달려 있지 않다. 연구 생태계, 데이터 인프라, 정책과 윤리 체계가 유기적으로 결합될 때, AI는 아프리카 보건의료의 접근성과 형평성을 개선하는 실질적 도구로 기능할 수 있다. 이러한 점에서 아프리카 보건의료 디지털 생태계 조성은 선택의 문제가 아니라 AI 시대 보건의료 주권과 지속 가능성을 좌우하는 핵심 과제라 할 수 있다.

참고문헌

박영호 외(2021). "아프리카 보건의료 분야 특성 분석 및 한국의 개발협력 방안". 《KIEP 연구보고서》, 21-03. 대외경제정책연구원.

전온리(2025). "글로벌 보건안보 강화를 위한 교육개발협력 전략의 우선순위 분석: 탄자니아 AHP 분석 사례". 《아프리카학연구》, 5(2), 31~54쪽.

Janneker, W.(2025). The role of AI in transforming healthcare in South Africa. *SAMJ: South African Medical Journal, 115*(5B), pp.66~69.

Njei, B. et al.(2023). Artificial intelligence for healthcare in Africa: a scientometric analysis. *Health and Technology, 13*(6), pp.947~955.

Oladipo, E. K. et al.(2024). Impact and challenges of artificial intelligence integration in the African health sector: a review. *Trends Med Res, 19*(1), pp.220~235.

Owoyemi, A. et al.(2020). Artificial intelligence for healthcare in Africa. *Frontiers in Digital Health, 2*, pp.1~5.

07
아프리카 디지털 금융 서비스

아프리카의 디지털 금융은 금융 접근성 확대를 넘어 경제 주권과 개발 전략을 좌우하는 핵심 인프라로 부상하고 있으며, 그 성패는 기술 확산 자체가 아니라 누가 금융 플랫폼과 데이터, 규범을 설계 · 통제하는가에 달려 있다.
케냐 M-Pesa 사례가 보여 주듯, 디지털 금융이 금융 포용성과 종속성을 동시에 지니고 있기에 아프리카 디지털 금융 서비스는 금융 포용을 넘어 금융 주권으로 나아가야 한다.

AI와 애니메이션?

아프리카 경제 주권과 개발 전략과 연계된 디지털 금융 서비스

아프리카 디지털 금융 서비스는 단순한 금융 혁신이 아니라 경제 주권과 개발 전략의 문제다. 디지털 금융이 금융 포용을 넘어 지속 가능한 성장의 토대로 작동하기 위해서는, 기술 · 제도 · 인력 · 거버넌스가 결합된 종합적 디지털 금융 생태계 구축이 필수적이다. 이는 아프리카가 글로벌 디지털 경제 속에서 수동적 참여자가 아니라 능동적 주체로 자리매김하기 위한 중요한 토대다.

왜냐하면, 아프리카 경제에서 금융 접근성 문제는 오랫동안 구조적 제약으로 작용해 왔기 때문이다. 특히 중소기업은 고용 창출과 지역 경제 활성화의 핵심 주체임에도 불구하고, 전통적인 금융 시스템에서는 가장 취약한 위치에 놓여 있다. 담보 요구, 복잡한 대출 절차, 높은 거래 비용, 은행 지점의 지리적 한계 등은 다수의 중소기업을 제도권 금융 밖으로 밀어냈고, 이는 곧 투자 부족과 성장 정체로 이어졌다. 이러한 맥락에서 최근 아프리카에서 빠르게 확산되고 있는 디지털 금융 서비스는 금융 포용성을 확대하고 경제 구조를 유동적으로 전환할 수 있는 효과적인 대안으로 주목받고 있다.

디지털 금융 서비스란 모바일 머니, 전자 결제, 디지

털 지갑, 온라인 금융 플랫폼, 핀테크 기반 대출·송금 서비스를 포괄하는 개념이다. 아프리카의 경우 은행 계좌 보유율은 상대적으로 낮지만, 휴대 전화 보급률은 빠르게 증가해 왔으며, 이 특수한 환경 속에서 모바일 기반 금융 서비스가 전통 금융을 우회하는 방식으로 발전해 왔다. 케냐의 M-Pesa는 이러한 변화를 상징하는 대표적 사례로, 디지털 금융이 단순한 기술 혁신을 넘어 금융 접근성의 구조를 바꾸는 계기가 될 수 있음을 보여 주었다.

케냐 M-Pesa의 금융 포용 혁신과 디지털 통제의 이중성 사례

케냐의 모바일머니 서비스 M-Pesa는 글로벌 디지털 금융 논의에서 가장 널리 인용되는 성공 사례로 꼽힌다. 그러나 M-Pesa는 포용적 금융 혁신 모델인 동시에, 디지털 경제에서의 새로운 형태의 권력과 통제가 형성된 지식 재산권 구조 사례이기도 하다. M-Pesa는 2005년 영국 국제개발부(DFID)와 보다폰(Vodafone)이 주도한 파일럿 프로젝트에서 출발했으며, 이후 케냐 이동통신사 사파리콤(Safaricom)에 의해 상업 서비스로 본격 도입되었다. 해당 서비스는 휴대 전화 문자메시지를 이용한 소액 송금을 핵심 기능으로 하여, 은행 계좌 없이도 금융 거래를 가능하게 했다. 이 모델은 은행 인프라가 취약하고 송금 비용이 높았던 케냐의 현실과 맞물리며 폭발적으로 확산되었다.

M-Pesa는 2007년 출시 이후 수년 만에 케냐의 사실상 표준 결제 인프라로 자리 잡았다. 2008년 전체 매출의 4.2%에 불과했던 M-Pesa 관련 수익은 2019년에는 사파리콤 전체 매출의 32% 이상을 차지할 정도로 성장했다. 2024년 M-Pesa는 20만 명이 넘는 에이전트 네트워크를 통해 현금 입출금을 제공하며, 개인 간 송금, 소매 결제, 급여 지급, 공공요금 및 세금 납부까지 포괄하는 범용 금융 플랫폼으로 기능하고 있다.

그러나 여기서 주목할 지점은 M-Pesa의 통제 구조와 지식재산권(IPR)의 귀속 문제다. M-Pesa 서비스의 핵심 소프트웨어와 서버에 대한 통제권은 장기간 케냐 현지 기업이 아닌, 영국에 본사를 둔 보다폰 그룹에 집중되어 있다. M-Pesa와 관련된 주요 특허 다수는 보다폰 그룹 소속 연구진에 의해 출원·등록되어 있다. 이러한 구조는 혁신의 확산과 고도화 과정에서 병목 현상을 초래하고 있다.

케냐 통신사 사파리콤 내부 개발자와 관련 업체들은 M-Pesa의 기능 개선과 API 공개가 지나치게 느리다고

느꼈는데, 이는 기술적 한계라기보다 IPR 통제 구조에서 비롯된 제약이라고 보고 있다. 즉, 글로벌 확장을 염두에 둔 본사의 전략과 케냐 현지 시장의 필요가 충돌하면서, 현지 주도의 참신한 혁신안이 제한되고 제동이 걸린 것이다.

케냐의 M-Pesa 사례는 개발을 위한 핀테크의 모범 사례이자, 동시에 디지털 경제에서 가치와 통제가 어떻게 외부로 이전되는지를 보여 주는 명백한 예시로 평가받고 있다. M-Pesa는 금융 포용성이라는 긍정적 효과에도 불구하고, 서비스에서 발생하는 상당한 수익과 기술적 통제는 글로벌 기업 구조와 체제 안에서 움직이고 있으며, 이는 디지털 주권 차원에서 디지털 금융에 관한 중대한 질문을 던지고 있다. 디지털 금융은 단순히 접근성을 확대하는 기술이 아니라, '누가 이 금융 시스템을 설계하고 통제하며 관리하고 소유해야 하는가'라는 정치 경제적 문제와 직결된 사항이라는 것이다. 이 점에서 M-Pesa는 금융 포용의 상징이자, 디지털 경제 시대 개발협력이 직면한 구조적 딜레마를 가장 선명하게 드러내는 사례라 할 수 있다.

금융 포용을 너머 금융 주권으로

케냐의 M-Pesa 사례에서 확인되듯, 디지털 금융이 가져오는 변화는 금융 접근성의 확대라는 긍정적 효과와 함께, 통제와 종속이라는 새로운 딜레마를 동시에 내포한다. 이러한 딜레마를 어떻게 설계하고 관리하느냐에 따라 디지털 금융은 아프리카의 경제 주권을 강화하는 수단이 될 수도 있고, 반대로 새로운 형태의 종속 구조를 재생산하는 장치가 될 수도 있다.

이 지점에서 최근 연구들은 디지털 금융 서비스가 아프리카 중소기업의 금융 포용을 실질적으로 개선하고 있다는 점을 통계적으로 입증하면서도, 그 효과가 자동적이거나 균등하지 않다는 사실도 함께 강조하고 있다. 여러 국가를 비교 분석한 연구에 따르면, 모바일 머니 거래량과 이용 빈도가 높은 국가일수록 중소기업의 금융 접근성이 유의미하게 높게 나타난다. 이는 디지털 금융이 물리적 은행 지점 부족과 높은 거래 비용이라는 전통 금융의 구조적 장벽을 완화하고 있음을 보여 준다.

중소기업 입장에서 디지털 금융은 계좌 개설 절차를 단순화하고, 거래 비용을 낮추며, 금융 서비스 접근에 소요되는 시간을 대폭 단축시키는 실질적 이점을 제공한다. 이러한 변화는 중소기업의 일상적 금융 활동을 가능하게 하며, 경제 활동의 범위를 확장시키는 기반으로 작용한다.

그러나 디지털 금융은 전통 금융 제도와 방식을 완전히 대체하기보다는 보완적 역할을 수행하고 있다. 기존 제도권 금융에서 배제되었던 중소기업이 금융 시스템 안으로 유입되는 진입 통로로 디지털 금융을 활용하고 있기 때문이다. 또한 모바일 결제와 디지털 거래 기록은 중소기업의 경제 활동을 데이터로 가시화하여 향후 신용 평가와 대출 접근성 개선의 기초 자료로 활용되기도 한다.

다시 말해 디지털 금융은 금융 포용의 출발점이자, 전통 금융과 연결되는 중간 역할을 담당하기도 한다. 다만 이러한 긍정적 효과는 모든 국가에서 동일하게 나타나지 않는다. 디지털 금융의 성과는 국가별 제도 환경과 인프라 수준에 크게 좌우되기 때문이다. 통신 인프라가 안정적이고, 금융 규제가 디지털 혁신에 우호적인 국가일수록 중소기업 금융 포용 효과가 더 크게 나타나지만, 규제가 불명확하거나 디지털 인프라가 취약한 국가에서는 디지털 금융의 잠재력이 충분히 실현되지 못하고 있다. 이는 기술 그 자체보다 제도적 토대와 정책 환경이 금융 포용의 성패를 결정하기 때문이다.

디지털 금융 확산에는 분명한 한계와 위험 요인도 존재한다. 중소기업 경영자의 디지털 문해력 부족은 새로운 형태의 금융 격차를 초래할 수 있으며, 사이버 보안과 데이터 보호 체계가 미비할 경우 해킹과 개인정보 유출 위험은 훨씬 더 커진다. 더 나아가 소수의 대형 플랫폼이 금융 서비스를 독점할 경우, 중소기업은 기존 은행 의존 대신 플랫폼 종속이라는 또 다른 구조에 놓일 가능성도 배제할 수 없다.

이러한 점을 고려할 때, 아프리카의 디지털 금융은 단순한 서비스 확산이 아니라 금융 디지털 생태계 구축 차원으로 바라볼 필요가 있다. 디지털 인프라 확충, 금융 규제 정비, 데이터 거버넌스 강화, 중소기업 대상 디지털 금융 교육 등이 디지털 금융 서비스와 함께 추진되어야 한다. 특히 거래 데이터를 공정하고 투명하게 활용할 수 있는 데이터 기반 신용 평가 체계 구축이 이러한 서비스의 핵심 과제일 것이다.

국제개발협력의 관점에서도 디지털 금융 생태계 조성은 중요한 전략적 의미를 지닌다. 전통적인 금융 지원이나 대출 중심의 개발협력이 단기적 효과에 그쳤다면, 디지털 금융 생태계 구축은 중소기업의 자립적 성장과 산업구조 전환을 지원하는 장기적 접근이자 전략일 수 있다.

다시 말해 아프리카 디지털 금융의 핵심 과제는 관련 기술 도입과 수용 및 적용 여부가 아니라, 디지털 금융을 누가 어떤 구조 속에서 운영하고 통제할 것인가에 있다. 이 질문에 대한 해답이 곧 금융 포용을 넘어 금융 주권으로 나아가는 아프리카 디지털 금융의 미래를 결정짓는 화두가 될 것이 자명하다.

한국형 아프리카 디지털 금융 ODA 전략

아프리카에서 디지털 금융은 더 이상 실험적 기술이 아니다. 모바일머니를 중심으로 한 디지털 금융 서비스는 이미 일상적 금융 인프라로 자리 잡았으며, 금융 접근성이 제한적이던 개인과 중소상공인을 제도권 금융으로 연결하는 핵심 통로로 기능하고 있다.

그러나 디지털 금융의 확산이 곧바로 지속 가능한 발전으로 이어지는 것은 아니다. 플랫폼 의존, 데이터 통제의 외부화, 금융 문해력 격차, 규제 역량 부족은 새로운 취약성을 만들어 내고 있다. 이러한 한계를 고려할 때, 한국형 디지털 금융 ODA의 핵심 과제는 디지털 금융을 도입하는 것이 아니라, 운영 · 통제 · 확장할 수 있는 역량을 파트너국에 남기는 것이다.

한국형 디지털 금융 ODA의 가장 큰 강점은 글로벌 빅테크 중심 모델과 다른 중간자형 협력 모델을 설계할 수 있다는 점이다. 한국은 전자정부, 공공 데이터 표준화, 금융 IT 시스템, 모바일 결제 인프라 구축 경험을 동시에 축적한 국가로, 특정 플랫폼의 시장 지배를 전제로 하지 않는 공공성 중심의 디지털 금융 협력이 가능하다. 이는 디지털 금융을 공공 인프라이자 공공재적 성격을 지닌 제도로 설계할 수 있는 중요한 조건이다.

첫 번째 구현 가능한 전략은 공공-민간 연계형 모바일 금융 인프라 구축이다. 이는 이동통신사와 민간 핀테크 기업의 기술력을 활용하되, 핵심 결제 · 정산 · 데이터 표준은 정부와 공공 기관이 관리하는 구조다. 예를 들어, 한국의 전자정부 결제 시스템 구축 경험을 바탕으로 아프리카 국가의 세금, 공과금, 사회 보호금 지급을 모바일 결제와 연동하면, 금융 접근성이 곧바로 행정 접근성으로 확장된다. 이 경우 디지털 금융은 단순 상업 서비스가 아니라, 국가 재정과 사회 보호 정책을 지탱하는 공공 금융 인프라로 기능한다.

두 번째 전략은 디지털 금융 기반 중소상공인 · 청년 창업 지원 모델이다. 아프리카 다수 국가에서 중소상공인은 신용 이력이 부족해 금융 접근이 어렵다. 한국형 ODA는 모바일 거래 데이터를 활용한 데이터 기반 신용 평가 체계 구축을 지원할 수 있다. 이는 전통적 담보 중심 금융을 대체하는 것이 아니라, 소액 대출과 단계적 금융 접근을 가능하게 하는 보완적 장치다. 실제로 모바일 결제 기록, 매출 흐름, 재고 관리 데이터는 중소상공인의 신용도를 평가하는 유의미한 지표가 될 수 있으며, 이를 공공 기준으로 설계하면 과도한 금리나 플랫폼 종속을 방지할 수 있다.

세 번째 전략은 디지털 금융 문해력과 제도 역량 강화를 ODA의 핵심축으로 설정하는 것이다. 디지털 금융의 효과는 기술보다 사람과 제도에 의해 결정된다. 따라서 단기적 시스템 구축보다 금융 공무원 · 중앙은행 · 감독기관을 대상으로 한 규제 역량 강화, 중소상공인과 여성 · 청년을 위한 디지털 금융 교육 프로그램이 병행되어야 한다. 한국은 금융 감독, 전자금융 규제, 개인정보 보호제도 운영 경험을 토대로, 파트너국이 자국 상황에 맞는 디지털 금융 규범을 설계하도록 지원할 수 있다.

네 번째로 주목할 전략은 디지털 금융과 개발 분야 간 연계 모델이다. 디지털 금융은 보건, 농업, 교육과 결합될 때 가장 큰 파급 효과를 낳는다. 예를 들어 농업 보조금이나 생산 장려금을 모바일 금융과 연동하면, 지급의 투명성과 효율성이 크게 개선된다. 보건 분야에서는 보험료 납부, 의료비 지원, 의약품 유통 관리가 디지털 금융과 결합될 수 있다. 이러한 교차 분야 연계는 디지털 금융을 단일 산업이 아니라, 국가 디지털 생태계의 핵심 교차점으로 자리매김하게 한다.

한국형 아프리카 디지털 금융 ODA의 궁극적 목표는 금융 포용에서 금융 주권으로의 전환 유도다. 디지털 금융을 외부 플랫폼에 의존해 소비하는 구조에서는 장기적 자립이 어렵다. 반대로 데이터 표준, 결제 인프라, 규제 체계를 파트너국이 점진적으로 통제할 수 있도록 설계한다면, 디지털 금융은 국가 경제 운영의 핵심 자산이 된다. 이 과정에서 한국은 기술 이전자가 아니라 제도 설계와 역량 축적을 지원하는 동반자로 기능할 수 있다.

요약하면, 한국의 아프리카 디지털 금융 ODA에서 핵심은 디지털 금융을 공공 인프라로 설계하고, 데이터와 플랫폼에 대한 통제 역량을 현지에 남기며, 중소상공인과 청년을 중심으로 실질적인 경제 효과를 창출하는 데 있다. 이러한 원칙이 결합될 때 디지털 금융은 단기적 기술 지원을 넘어 아프리카의 지속 가능한 성장과 경제 주권을 뒷받침하는 개발 패러다임 전환의 핵심 수단이 될 수 있다.

참고문헌

전온리(2025). "AI 시대 아프리카 디지털 거버넌스 고찰: 데이터 프라이버시, 보호, 국가 안보, AI 주권 연계성을 중심으로". 《한국아프리카학회지》, 74, 163~190쪽.

주베루 수마일라·이충열(2024). "모바일기기를 통한 금융포용의 개선과 저축: 아프리카 8 개국의 자료를 사용하여". 《국제지역연구》, 33(1), 1~30쪽.

한선이 외(2023). "디지털금융을 통한 아프리카 금융포용성 개선 방안 연구". 《KIEP 연구보고서》, 23-04. 대외경제정책연구원.

Bede Uzoma, A. et al.(2020). Digital finance as a mechanism for extending the boundaries of financial inclusion in sub-Saharan Africa: A general methods of moments approach. *Cogent Arts & Humanities, 7*(1), pp.1~14.

Foster, C.(2024). Intellectual property rights and control in the digital economy: Examining the expansion of M-Pesa. *The Information Society, 40*(1), pp.1~17.

Umar, U. H. et al.(2025). Digital finance and SME financial inclusion in Africa. *African Journal of Economic and Management Studies, 16*(1), pp.18~33.

08
AI 기반 아프리카 교육 혁신

아프리카의 AI 기반 교육 혁신(AIEd)은 기술 도입의 문제가 아니라, 아프리카의 언어 · 문화 · 교육 철학을 반영한 공공적 거버넌스와 제도 그리고 역량을 바탕으로 교육 시스템을 재설계할 수 있는가에 달려 있으며, 그때에만 AI는 종속이 아닌 자율적 발전을 가능하게 하는 교육 도구가 될 수 있다.

AI와 인재 채용?

아프리카 교육에서 AI 연구 동향과 과제

아프리카 교육 분야에서 인공지능이 본격적으로 논의되기 시작한 것은 비교적 최근의 일이다. 디지털 전환과 4차 산업혁명 담론이 전 세계적으로 확산되는 가운데, 교육 격차 · 교사 부족 · 학습 성취도 저하라는 구조적 문제를 안고 있는 아프리카에서도 AI 기반 교육(AI in Education, AIEd)이 새로운 대안으로 주목받기 시작했다.

지난 약 5년간 아프리카에서 이루어진 AIEd 연구를 체계적으로 검토하며 그 성과와 한계를 처음으로 종합적으로 분석 · 정리한 논문(Ahmed et. al., 2025)에 따르면, 아프리카의 AIEd 연구는 아직 양적 · 질적으로 초기 단계에 머물러 있다. 분석 대상이 된 연구 수 자체가 제한적이며, 특정 국가와 교육 단계에 집중되는 경향도 뚜렷하다.

AIEd 연구는 주로 남아프리카공화국, 나이지리아, 케냐 등 상대적으로 교육 · ICT 인프라가 갖추어진 국가에 편중되어 있으며, 대부분의 아프리카 국가는 AIEd 관련 실증 연구가 거의 이루어지지 않고 있다. 이는 교육 분야 AI 활용이 대륙 전체의 보편적 현상이라기보다 일부 국가 중심의 실험적 시도로 진행되고 있음을 보여 준다.

아프리카 AIEd 연구에서 가장 두드러진 적용 영역은

평가(assessment) 분야다. 특히 컴퓨터 적응형 평가(Computer-Adaptive Testing, CAT)는 학습자의 응답 수준에 따라 문항 난이도를 자동 조정함으로써, 대규모 평가 환경에서도 비교적 정확한 학습 수준 측정을 가능하게 한다. 이러한 AI 기반 평가는 시험 시간 단축, 평가 비용 절감, 학습자 수준에 대한 정밀한 진단이라는 측면에서 긍정적 효과를 보이고 있다.

이는 교사 수가 절대적으로 부족하고, 학급당 학생 수가 많은 아프리카 교육 현실과 밀접하게 연관되어 있다. 아프리카 교육 분야에서 AI는 교사를 대체하기보다 제한된 교육 부문 인적 자원을 보완하는 도구로 활용되고 있다.

또한 아프리카 대학들은 AI를 단순한 교육 도구로 인식하고 활용하기보다 급변하는 노동시장 변화에 대응하기 위한 구조적 개편 수단으로 인식하고 있다. AI 기반 학습 분석, 교육과정 최적화, 산업 수요 기반 역량 개발은 대학 교육과 노동시장을 연결하는 핵심 요소다. 여기서 AIEd는 대학교와 같은 고등 교육 기관의 졸업생에 대한 취업 및 고용 가능성(employability)을 증진하는 전략으로 사용되고 있다. 이는 아프리카 청년 실업에 관한 현실적인 문제와 직결된 영역으로, AIEd가 단순한 학습 효율성 향상을 위한 에듀테크가 아니라 사회 경제적 문제 해결의 수단이자 상징으로 논의되고 있음을 시사한다.

아프리카의 AI 교육 연구에서 눈에 띄는 점은 최첨단의 대규모 인공지능보다는 현장에서 바로 활용할 수 있는 비교적 단순하고 접근 가능한 기술이 주로 사용되고 있다는 것이다.

예를 들어 복잡한 초거대 모델 대신, 학습자를 분류하는 기본적인 머신러닝 알고리즘이나 간단한 챗봇, 스마트폰 기반 학습 도구, 그리고 학습관리시스템(LMS)에 AI 기능을 덧붙이는 방식이 많이 활용되고 있다. 이는 아프리카 교육 현장이 가진 전력 · 통신 · 장비의 제약 속에서도 실제로 작동할 수 있는 기술을 중심으로 교육 혁신이 이루어지고 있음을 잘 보여 준다.

아프리카에서 AI 기반 교육은 세 가지 중요한 기회를 제공한다. 첫째, 원격 학습과 모바일 기반 AI 도구를 통해 분쟁 지역이나 농촌 지역에서도 학습을 지속할 수 있어 교육 접근성이 크게 확대된다. 둘째, AI는 학습자의 수준과 속도에 맞춘 맞춤형 학습을 가능하게 하여 획일적인 교육 방식의 한계를 보완한다. 셋째, 교육 행정과 평가 과정에서 AI를 활용하면 제한된 예산과 인력을 보다 효율적으로 운영할 수 있어 교육 시스템 전반의 효율성이 높아진다.

그러나 AIEd의 확산에는 분명한 한계도 존재한다. 가장 큰 제약은 기술 자체가 아니라 제도와 구조의 문제로, 교사의 AI 활용 역량 부족, 불안정한 전력과 인터넷 인프라, 교육 데이터의 부족이 지속적인 활용을 어렵게 만든다. 또한 외부에서 개발된 AI 교육 솔루션이 아프리카의 언어와 문화 그리고 현지의 교육 현실을 충분히 반영하지 못하는 경우가 많기 때문이다. 그리고 학습자 데이터 보호와 알고리즘 편향, 외부 플랫폼 의존 문제는 교육 주권과 직결된 윤리적 쟁점이 되기도 한다.

이러한 한계를 극복하기 위해 단기적인 기술 도입을 넘어 AI 기반 교육 디지털 생태계 구축이 필요하다. 교사 연수와 역량 강화, 아프리카의 언어와 사회 문화 맥락을 반영한 AI 교육 콘텐츠 개발, 공공 데이터 거버넌스 확립, 그리고 디지털 ODA와 연계된 국제협력이 함께 추진되어야 할 것이다. 아프리카 교육에서 중요하게 고려할 사항은 AI 기술의 성능이 아닌 교육 철학과 제도 그리고 거버넌스를 바탕으로 AI를 어떻게 활용할 것인가에 달려 있다.

아프리카 AIEd의 구조적 과제

아프리카에서 AI 기반 교육이 본격적으로 논의되기 시작한 이후, 다양한 실험과 시도가 축적되고 있지만 그 확산과 지속성은 여전히 제한적이다. 이는 AI 기술의 성숙도 부족 때문이라기보다 교육 시스템이 AI를 안정적으로 흡수하고 운영할 수 있는 구조를 충분히 갖추지 못했기 때문이다. 다시 말해 아프리카 AIEd의 핵심 문제는 기술이 아니라 구조에 있다.

현재까지의 AIEd 적용 사례를 보면, 개별 학교나 프로젝트 단위의 단기 실험이 주를 이루며 국가 차원의 교육 정책이나 제도 설계로 연결되는 경우는 드물다. AI 기반 평가, 학습 분석, 원격 교육 플랫폼이 일정한 성과를 보이더라도, 이를 제도화하고 확산할 행정 역량과 정책 연계가 부족해 장기적 효과로 이어지지 못하는 것이다. 이는 AIEd가 교육 혁신의 도구로 기능하기보다 일시적 에듀테크 프로젝트에 머무를 위험을 내포한다.

또 하나의 구조적 과제는 교육 거버넌스와 리더십의 문제다. AI는 교실 안에서 교사 개인이 선택해 사용하는 보조 도구가 아니라 교육청 · 대학 · 국가 교육 시스템이 전략적으로 활용해야 할 공공적 자원에 가깝다. 그러나 많은 아프리카 국가에서는 교육 행정 차원에서 AI 활용을 기획 · 조정 · 평가할 전문 인력과 체계가 충분히 구축되지 않았다. 그 결과, AIEd는 기술적 가능성에 비해 정책적 활용도가 낮은 상태에 머물러 있다.

아프리카 AIEd가 고등 교육과 직업 교육 중심으로 논의되는 것도 이러한 구조적 맥락과 무관하지 않다. AI 기반 교육은 단순한 학습 효율성 향상을 넘어, 청년 실업과 노동시장 미스매치를 완화하기 위한 전략으로 인식되고 있을 뿐이다. 그러나 교육과 노동시장을 연결하는 이러한 기능 역시, 교육과 산업 정책을 연계할 수 있는 제도적 틀이 부재할 경우 한계에 부딪힐 수밖에 없다.

더 나아가 외부에서 개발된 AI 교육 솔루션에 대한 의존 역시 중요한 구조적 문제로 지적된다. 언어, 교육과정, 평가 기준, 데이터 활용 방식이 외부 플랫폼에 의해 결정될 경우, AIEd는 또 다른 형태의 디지털 종속을 초래할 위험이 있다. 따라서 아프리카 AIEd의 지속 가능성을 위해서는 AI 교육 콘텐츠와 데이터, 운영 기준을 공공적 자산으로 관리하고, 현지 교사와 연구자가 설계와 운영에 참여하는 구조가 필요하다.

다시 말해 아프리카 AIEd의 구조적 과제는 명확하다. AI를 얼마나 도입하느냐에 관한 논의보다 어떤 교육 철학과 제도, 거버넌스 속에서 AI를 활용할 것인가에 관한 구조적 논의가 필요하다. AI는 교육 문제를 자동으로 해결하는 만능 해법이 아니라 분명한 목표와 제도적 기반이 있을 때만 의미가 있는 도구이기 때문이다. 이러한 점에서 아프리카 AIEd의 미래는 기술 경쟁이 아니라 교육 시스템을 어떻게 재설계할 것인가에 대한 전략적 선택에 달려 있다고 할 수 있다.

강점 기반의 지속 가능한 AIEd 재구조화

지금까지 아프리카의 교육 시스템은 식민종주국의 교육 시스템이 이식되거나 모방한 방식과 형태로 외부에서 개발된 기술과 모델을 적용하는 구조 속에서 이루어져 왔다. AIEd 교육 역시 교육 격차 해소나 행정 효율화라는 단기적 성과를 이러한 구도 안에서 일부 만들어 냈지만, 장기적으로는 교육 체계의 자율성과 주체성을 강화하는 데 한계를 지니고 있다. 이러한 접근은 아프리카 교육을 여전히 기술 수혜자이자 실험의 장으로 위치시키는 종속적 프레임을 반복할 위험이 있다.

아프리카의 교육 현실은 다언어 환경, 공동체 중심의 학습 문화, 비형식 교육의 비중, 지역 사회 기반 지식 전승이라는 고유한 특성과 맥락을 품고 있다. 따라서 AIEd 역시 이러한 맥락을 반영하여 재설계되어야 한다. 서구

식 개인 중심 · 경쟁 중심 학습 모델을 그대로 이식하는 방식은 오히려 교육의 실효성을 약화시킬 수 있다.

AI는 아프리카 교육의 결핍을 단지 보완하는 기술로써의 역할과 기능만이 아니라 이미 존재하는 강점과 가치를 확장하는 도구로 자리매김해야 한다. 특히 고등 교육과 직업 교육 영역에서 AIEd는 노동시장 대응 수단을 넘어, 지역 사회와 국가 발전 전략을 연결하는 통합적인 교육 플랫폼으로 재구성될 필요가 있다. 이는 AI를 활용해 무엇을 가르칠 것인가의 이슈가 아니라 누구의 지식과 경험이 교육 데이터로 축적되고, 누가 이를 설계 · 통제하며 운영 · 관리하는가의 이슈와 직결된다.

AI가 지속 가능 발전 목표(SDGs) 달성에 어떻게 기여할 수 있는지를 남아프리카공화국 고등 교육 사례를 분석한 연구(Opesemowo & Adekomaya, 2024)에 의하면, AIEd는 고등 교육의 구조적 문제를 해결하고 사회 · 경제적 전환을 촉진하는 전략적 도구로 기능할 수 있음이 증명되었다. 특히 접근성 확대, 교육의 질 제고, 연구 역량 강화, 행정 효율화 측면에서 AI의 가능성은 높이 평가받고 있다.

학생 수 증가, 교원 및 재정 자원 부족, 교육 성과의 불균형이라는 복합적 과제에 직면해 있던 남아공 고등 교육에서 AI는 학습 분석과 예측 모델을 통한 중도 탈락 방지, 개인화 학습 지원, 온라인 · 혼합형 교육 강화를 통해 교육 형평성과 접근성에 직접적으로 기여하였다.

또한 AI 기반 연구 데이터 분석과 자동화 도구는 대학의 연구 생산성과 혁신 역량을 높여 관련 산업 및 사회 발전과의 연계도 강화하였다. 그러나 디지털 인프라 격차, 교원과 행정 인력의 AI 역량 부족, 데이터 거버넌스와 윤리 문제는 AI 활용의 지속 가능성을 제한하는 요인이기도 하다. 특히 외부 플랫폼 의존과 알고리즘 편향은 교육 주권과 사회적 불평등을 심화시킬 수 있는 위험 요인이기도 하다.

아프리카 고등 교육에서 AI의 성공적 활용을 위해서는 기술 도입을 넘어 제도 · 정책 · 역량 강화가 결합된 통합적 전략이 필요하다. AI는 올바른 거버넌스와 공공적 방향성 속에서 설계될 때에만 지속 가능 발전 목표 달성에 기여할 수 있으며, 고등 교육은 그 핵심 실행 공간이 될 수 있다. 이처럼 아프리카 AIEd의 미래 가치는 기술의 진보 속도보다 아프리카 스스로의 교육 가치와 사회적 목표를 중심에 둔 교육 시스템 재설계에 중점을 두어야 한다. 이러한 전환이 이루어질 때, AIEd는 종속이 아닌 자율과 창조의 교육 도구로 기능할 수 있을 것이다.

참고문헌

전온리(2024). "지속가능한 개발협력을 위한 문제해결 중심에서 강점과 가치중심 접근으로의 패러다임 전환: Appreciative Inquiry 적용사례". 《한국아프리카학회지》, 71, 145~172쪽.

Ahmed, A. B. et al.(2025). Half a decade of artificial intelligence in education in africa: Trends, opportunities, challenges and future directions. *Journal of Engineering Education Transformations, 38*(3), pp.81~100.

Odoh, J. N. et al.(2024). Application of AI in educational leadership research and innovation in Sub-Saharan Africa. *Journal of Association of Educational Management and Policy Practitioners, 4*(1), pp.267~279.

Opesemowo, O. A. G. & Adekomaya, V.(2024). Harnessing artificial intelligence for advancing sustainable development goals in South Africa's higher education system: A qualitative study. *International Journal of Learning, Teaching and Educational Research, 23*(3), pp.67~86.

09
AI와 아프리카 언어

글로벌 AI 생태계에서 아프리카 언어는 구조적 불균형과 불평등 속에서 지속적으로 주변화되어 왔다. 그러나 AI는 이러한 배제를 고착화하는 기술일 수도, 아프리카 언어 주권을 회복하고 디지털 공간에서 언어의 위상을 재정립하는 계기가 될 수도 있다.
결국 AI 시대 아프리카 언어의 핵심 과제는 새로운 기술을 얼마나 도입하느냐의 문제가 아니라 언어 데이터와 모델에 대한 통제 권한을 누가 가지며, 어떤 가치와 철학을 바탕으로 이를 설계하고 활용할 것인가에 대한 선택과 결정에 달려 있다.

AI와 기자?

아프리카 언어와 AI의 구조적 불균형

언어 모델인 인공지능(AI)의 급속한 발전은 언어 사용과 교육, 번역, 지식 생산의 방식을 근본적으로 바꾸고 있다. 그러나 이러한 변화가 전 세계 모든 언어 공동체에 동일한 기회를 제공하고 있지는 않다. 특히 아프리카 언어들은 글로벌 AI 생태계 속에서 구조적으로 주변화된 위치와 불평등한 구조 속에 놓여 있으며, 이는 기술 격차를 넘어 언어 주권과 지식 불평등의 문제로 이어지고 있다.

AI와 아프리카 언어의 관계는 고도화된 언어 모델인 인공지능 기술 적용의 문제가 아니다. 어떤 언어가 데이터로 수집되고, 어떤 언어가 학습되며, 어떤 언어가 디지털 미래에서 생존하여 지속되는가에 관한 근본적이고도 원초적인 과제를 제시하고 있다.

현재 글로벌 AI와 자연어 처리(NLP) 기술은 영어를 중심으로 한 소수의 주요 언어에 편중되어 발전해 왔다. 대규모 언어 모델(LLM)의 학습 데이터 대부분은 영어, 중국어, 스페인어, 프랑스어 등 식민 언어 혹은 국제 공용어로 구성되어 있으며 스와힐리어, 하우사어, 암하릭어 등과 같은 아프리카 토착 언어들은 저자원 언어(low-resource languages)로 분류된다. 이는 기술적 한계라기보다 데이터 생산과 축적의 역사적이고 정치·경제적인 결과에 가깝다.

아프리카에는 전 세계 언어의 약 3분의 1을 차지하는 2100개 이상의 언어가 존재하지만 이들 언어는 문자화, 표준화, 디지털화 과정에서 충분한 지원과 관심을 받지 못했다. 그 결과 아프리카 언어는 교육 · 행정 · 디지털 기술 영역에서 체계적으로 사용되지 못한 채 주변화되어 있다. 그뿐만 아니라 AI 번역, 음성 인식, 텍스트 분석과 같은 핵심 기술에서 아프리카 언어는 철저하게 외면받고 배제되어 있다. 이러한 상황은 AI 기술이 확산될수록 오히려 언어 간 격차를 심화시킬 가능성을 내포하고 있다.

이러한 맥락에서 스와힐리어(Kiswahili)는 아프리카 언어 가운데 비교적 예외적인 위치를 차지한다. 스와힐리어는 동아프리카 여러 국가에서 공용어로 사용되며 약 2억 명 이상의 화자를 보유하고 있고, 아프리카연합(AU)과 동아프리카공동체(EAC)의 공식 언어로 채택되어 있다. 이로 인해 교육, 행정, 미디어, 대중문화 전반에서 광범위하게 활용되고 있으며, AI 적용 가능성 또한 상대적으로 높다.

AI를 통한 아프리카 언어의 재위치화

아프리카 언어의 구조적 불평등과 불균형 속에서 AI를 통해 아프리카 언어의 지위와 역할이 디지털 시대에 새롭게 재정의되고 재위치화되는 과정이 필요하다. 이는 아프리카 언어를 AI 기술의 대상이나 수혜 언어로 다루는 접근을 넘어 데이터 생산 · 모델 설계 · 운영 주체로서 아프리카 언어 공동체를 중심에 놓는 전환을 의미한다.

AI가 작동하기 위해서는 대규모의 언어 데이터가 필수적이지만, 지금까지 아프리카 언어 데이터는 외부 연구 기관이나 글로벌 빅테크 기업 주도로 수집 · 가공되어 왔다. 이 과정에서 데이터의 소유권과 활용 권한은 현지 공동체가 아닌 외부 주체에 귀속되는 경우가 많았다. AI를 통한 언어 재위치화는 아프리카 언어 데이터가 공공 자산으로 관리되고, 현지 대학 · 연구소 · 교육 기관이 데이터 구축과 표준 설정에 참여하는 구조를 전제로 해야 한다. 이는 언어 자체를 기술 자원이자 문화 자산으로 보호하는 주권적 관리다.

또한 교육과 AI의 결합은 아프리카 언어 재위치화에서 핵심 기제다. AI 기반 번역, 자동 문법 분석, 음성 인식 기술은 아프리카 언어 교육의 접근성을 획기적으로 확장할 수 있다. 특히 교사 부족과 교재 한계를 겪는 지역에서 AI는 학습 보조 도구이자 자기주도 학습의 촉진자로 기능할 수 있기 때문이다. 중요한 점은 이러한 AI 교육 도구가 영어 중심 교육을 보조하는 역할에 머무는 것이 아니라 스와힐리어를 비롯한 아프리카 언어 자체를 학습·사고·지식 생산의 매개로 강화하는 방향으로 설계되어야 한다는 점이다.

AI 기술은 아프리카 언어를 특정 국가나 지역 또는 민족의 언어에서 디지털 공공 언어로 확장할 수 있는 잠재력과 역량을 지니고 있다. 번역 기술과 음성 인터페이스가 발전할수록 아프리카 언어는 행정 서비스, 보건 정보, 농업 안내, 시민 참여 플랫폼 등 다양한 공공 영역에서 실질적인 사용 언어로 자리 잡을 수 있다. 이는 언어 접근성의 확대 차원을 넘어 디지털 시민권과 정보 접근의 형평성을 강화하는 효과로 이어진다. 다시 말해 AI는 아프리카 언어를 사적·구술적 영역에 가두는 것이 아니라 공적·제도적 공간으로 다시 불러오는 도구가 탈바꿈할 수 있다.

그리고 AI를 통한 아프리카 언어의 재위치화는 언어 주권과 지식 생산의 문제로 귀결된다. 어떤 언어가 AI 모델에 포함되는가는 곧 어떤 언어가 미래의 지식 생태계에 참여할 수 있는지를 결정한다. 아프리카 언어가 AI를 통해 재위치화된다는 것은 아프리카 사회의 경험과 사고, 세계 인식이 글로벌 디지털 지식 체계 안에서 가시화되고 정당한 위치를 획득한다는 의미이기도 하다. 이 점에서 AI는 아프리카 언어를 위협하는 기술이 아니라, 올바른 설계와 거버넌스 속에서 언어의 지속 가능성과 문화적 존엄을 회복할 수 있는 전략적 도구가 될 수 있다.

AI 시대 아프리카 언어 주권

AI는 중립적인 기술이 아니다. 언어를 학습하고, 번역하며, 지식을 생산하는 AI의 구조는 특정 언어를 기반으로 이루어진다. 즉, AI 시대에는 어떤 언어가 디지털 미래에서 살아남을지를 결정하며 정치적 · 문화적 과제와도 연계되어 있다.

오늘날 글로벌 AI 생태계는 영어를 중심으로 한 소수 언어에 의해 지배되고 있으며, 수천 개의 아프리카 언어는 데이터 부족이라는 이유로 저자원 언어로 분류되어 주변화 현상이 가속화되고 있다. 이로 인해 아프리카 언어는 AI 시대 언어 주권을 상실할 위험에 노출되어 있다.

이러한 문제의식 속에서 2024년 한국 과학기술정보통신부와 한국지능정보사회진흥원(NIA)이 추진한 탄자니아 대상 스와힐리어 LLM 구축 사업은 AI와 언어 주권의 관계를 재정의한 중요한 사례로 평가할 수 있다. 해당 사업은 기존의 초거대 AI 모델을 새로 개발하는 방식이 아니라, 공개된 8B급 오픈소스 모델을 기반으로 탄자니아의 문화·규범·관습·예절 데이터를 대규모로 수집·정제하여 추가 학습(fine-tuning)하고, 이를 경량화(LoRA, 4bit)하여 저전력·저네트워크 환경에서도 활용 가능하도록 설계하였다.

이는 기술적 효율성뿐 아니라 아프리카 현장의 현실 조건을 전제로 한 설계라는 점에서 중요한 의미를 지닌다. 특히 이 사업의 핵심은 단순한 모델 개발이 아니라 데이터-모델-가중치-평가 체계 전반을 오픈소스로 공개했다는 점에 있다. 스와힐리어 말뭉치 1억 어절 이상, Instruction Q/A 데이터 5000건, 성능평가 데이터 2000건 이상이 구축되었으며, 이 모든 산출물은 누구나 접근·검증·개량할 수 있도록 공개되었다. 이는 AI 결과물을 사용하는 권리를 넘어 재학습·감사·개량할 수 있는 권리를 파트너국에 실질적으로 이전한 사례라 할 수 있다.

다시 말해, 이 프로젝트는 언어를 데이터로 제공하는 수준을 넘어 AI 생태계의 공동 운영자로서 아프리카의 위치를 재설정하였다. 이러한 접근은 기존의 개발협력 방식과 뚜렷이 구별된다. 과거의 ICT 중심 ODA가 장비 제공이나 단기 기술 이전에 머물렀다면, 스와힐리어 LLM 사업은 언어 데이터를 공공재로 구축하고, 이를 기반으로 수원국이 자체적으로 AI를 운영 · 확장할 수 있는 구조를 마련했다.

이는 디지털 주권의 네 가지 핵심 축인 국가 주권, 데이터 주권, 기술적 자율성, 이용자 자율성을 동시에 강화하는 모델로 평가할 수 있다. 더 나아가 스와힐리어 LLM은 교육 · 보건 · 행정 등 공공 영역으로의 확장 가능성을 내포한다. 스와힐리어 기반 AI 튜터, 문해 교육 지원, 의료 소통 보조, 공공 민원 자동 응대 등은 언어 장벽으로 인해 배제되었던 다수 시민의 공공 서비스 접근성을 획기적으로 개선할 수 있다.

이는 AI가 단순한 언어 기술을 넘어 사회적 형평성과 포용을 구현하는 인프라로 기능할 수 있음을 보여 준다. 중요한 점은, 이 사례가 한국이 글로벌 빅테크가 아니기 때문에 가능했다는 점이다. 한국은 AI 공여국이지만 모델 독점 구조를 재생산할 필요가 없으며, 오히려 오픈소스와 공동 개발을 통해 남남협력(South-South Cooperation)을 새로운 차원으로 확장할 수 있는 위치에 있다.

스와힐리어 LLM의 전면 공개는 아프리카 국가를 AI

의 소비자가 아니라 공동 생산자이자 관리자로 전환할 수 있음을 실증적으로 보여 주었다. 결국 AI 시대의 아프리카 언어 주권이란, AI를 사용할 수 있는가의 문제가 아니라 누가 언어 데이터를 통제하고, 누가 모델을 설계·운영하며, 그 결과를 어떻게 활용할 것인가의 문제로 귀결된다.

탄자니아 스와힐리어 LLM 구축 사례는 언어와 AI를 연결하는 새로운 개발협력 패러다임의 실마리를 제시하였다. 이는 아프리카 언어가 디지털 미래에서 살아남는 것을 넘어, 자기 언어로 사고하고 정보를 처리하며, 교육하고 기술을 발전시킬 수 있는 권리를 확보하는 권리를 확보해 가는 과정이라 할 수 있다.

AI는 아프리카 언어를 주변부로 밀어낼 수도, 다시 중심으로 불러올 수도 있는 양면적 기술이다. 여기서 핵심은 얼마나 고도화된 AI를 쓰느냐가 아니라 어떤 언어관과 교육 철학 속에서 아프리카 언어 모델의 AI를 활용하느냐에 있다. 아프리카 언어가 AI 시대의 수동적 대상이 아니라 지식 생산과 교육 혁신의 주체로 자리 잡기 위해서는 기술 중심 접근을 넘어 언어 주권과 교육 구조를 함께 재설계해야 한다. AI 시대 아프리카 언어의 미래는 관련 기술 경쟁에서 우위의 문제가 아니라 언어의 가치를 어떻게 정의하고 보호하며 확장할 것인가에 대한 선택의 문제이기 때문이다.

AI 시대에는 어떤 언어가 데이터로 축적되고, 어떤 언어가 모델로 구현되며, 누가 그 운영권과 개량권을 관리하는가에 따라 미래 세대의 언어가 결정된다. 그리고 그 언어로 미래 세대는 모든 것을 배우고 사고하며 다가올 세계와 연결될 것이다.

탄자니아 스와힐리어 LLM 구축 사례가 보여 주듯, 아프리카 언어는 더 이상 저자원 언어로 머물러야 할 운명이 아니라 적절한 거버넌스와 협력 구조 속에서 디지털 공공 언어로 재도약해야 한다.

AI는 아프리카 언어를 소외시키는 도구가 될 수도 있지만, 언어 주권을 회복하고 지식 생산의 주체로 재위치화하는 전략적 수단이 될 수도 있다. 결국 관건은 기술의 성능이 아니라 아프리카 언어를 어떤 가치로 인식하고 어떤 구조 속에서 AI와 결합시킬 것인가에 대한 선택이다.

참고문헌

김학수(2005). "아프리카의 언어 상황에 대한 소고". *Asian Journal of African Studies, 17*, 37~52쪽.

전온리(2024). "인공지능 기반 ASSURE 모델을 활용한 스와힐리어 번역 교육의 효과와 교육적 함의". 《한국아프리카학회지》, 73,

276~300쪽.
전온리(2025). “AI 주권과 한국형 디지털 ODA 남남협력 모델: 스와힐리어 LLM 구축 사례를 중심으로”. 《한국아프리카학회지》, 76, 211~236쪽.
Ikolo, R. O.(2025). Empowering endangered African languages: AI-driven preservation and translation in Africa. Existentia: *Concrescence Journal of Arts and Humanities, 3*(2), pp.136~145.

10
아프리카 AI 주권과 한국형 디지털 ODA

AI 시대 아프리카의 핵심 과제는 기술 도입이 아니라 AI를 운영 · 통제 · 개량할 수 있는 주권적 구조를 확보하는 데 있다. 이러한 맥락에서 한국형 디지털 ODA는 역량-인프라-플랫폼-데이터를 연계한 주권 강화형 협력 모델을 통해 아프리카를 AI의 수동적 수혜자가 아닌 공동 운영자이자 지속 가능한 발전과 번영을 위한 파트너로 삼을 수 있을 것이다.

AI와 미래 의사?

왜 AI 주권이 아프리카의 핵심 의제가 되고 있는가

인공지능(AI), 클라우드, 사물인터넷(IoT) 등 디지털 기술이 사회와 산업 전반의 운영 방식 · 프로세스 · 문화를 근본적으로 바꾸고 있다. 이러한 디지털 전환 시대인 요즘 우리의 관심은 기술 도입 이슈가 아니다. 국가의 경쟁력, 사회의 회복력, 경제 구조의 재편, 나아가 국가 차원의 안보 기제를 결정하는 자주권(sovereignty) 문제가 핵심 관심사로 부상하고 있다.

특히 AI는 언어 · 데이터 · 알고리즘 · 규범을 매개로 새로운 권력 구조를 형성하며, 단순한 혁신 기술을 넘어 국가의 경제 · 사회 구조와 문화 정체성, 정책 의사 결정 체계, 공공 서비스 제공 방식까지 재편하는 전환점이 되고 있다. 이러한 변화 속에서 국제개발협력 역시 기존의 ICT 기반 시설 지원이나 기자재 보급 중심 접근만으로는 충분하지 않다.

과거의 ODA가 통신망 · 전력 · 하드웨어 · 교육 및 훈련에 무게를 두었다면, AI 시대의 개발협력은 데이터와 모델, 플랫폼과 거버넌스, 인력과 규범의 결합을 중심으로 재구성되어야 한다. 왜냐하면 AI가 공공 서비스, 교육, 보건, 행정, 금융, 치안 등 핵심 영역에서 정책 결정과 서비스 전달의 중추로 작동할수록, AI 시스템에 대한 통제권은 곧 국가의 의사 결정권과 직결되기 때문이다.

최근 들어 여러 국가가 AI 생태계를 외국 플랫폼과 모델에 전적으로 의존하는 대신, 자국 중심의 인프라 · 데이터 · 모델 · 운영 역량을 확보하려는 움직임을 보인다. 여기서 등장한 AI 주권은 단순히 데이터를 자국 서버에 보관하는 차원을 넘어, AI 생태계 전체를 자국 주도로 설계 · 운영할 수 있는 역량을 뜻한다.

즉, AI 주권은 기술 자립만을 의미하지 않는다. 글로벌 AI 생태계의 불균형, 언어 · 문화 다양성의 배제, 데이터 · 알고리즘 통제권 부재, 외국 플랫폼 의존을 초래할 수 있는 사회 · 정치적 위험에 대한 대응 전략이기도 하다. 아프리카에서 AI 주권 담론이 특히 절실한 이유는 아프리카 대륙의 현 구조와 체계 그리고 조건이 AI 의존에 굉장히 취약하기 때문이다.

아프리카는 다언어 · 다문화 환경 속에서 공공 서비스의 언어적 포용성이 곧 사회 통합과 국가 운영의 기초가 되지만, 글로벌 AI 생태계는 소수 언어 중심으로 설계되어 있다. 또한 클라우드, 데이터센터, 고성능 컴퓨팅, 사이버보안 체계 등 AI 인프라의 기반이 취약한 국가가 많아 외부 플랫폼 의존이 쉽게 고착화되고 있다. 이런 조건에서 AI가 행정과 교육, 보건, 사회복지, 노동시장의 핵심 인프라로 확산되면, AI 시스템에 대한 통제권을 외부에 위임하는 구조가 장기화될 위험이 크다. 이는 단순한 기술 격차를 넘어 언어 · 문화 · 지식 표현 체계의 배제라는 인지적 불평등으로 이어질 수 있다.

이러한 맥락에서 아프리카가 필요로 하는 것은 AI 모델을 사용할 수 있는 권리가 아니라 운영 가능한 수준의 권리 곧 자주권이다. 즉, 모델과 데이터에 접근하고, 성능과 편향을 관리하며, 자국의 언어 · 정책 · 문화 요구에 맞게 개량 · 개선하고, 필요하다면 재학습 · 재구성할 수 있는 권리와 역량이 필수적이다. 그러나 이러한 상황에서 가장 큰 장애물은 기술 그 자체가 아니라 제도 · 거버넌스 · 인력 · 인프라의 결합 구조와 제도화된 체제에 있다. 아프리카는 필요한 기술뿐만 아니라 요구되는 구조와 체제 등 아무것도 갖추고 있지 않다. 또한 갖출 수도 없는 실정이다.

디지털 주권을 알아야 AI 주권이 보인다

AI 주권을 이해하기 위해서는 디지털 주권(digital sovereignty)의 구조를 먼저 이해하고 분석할 필요가 있다. 디지털 주권이란 국가, 기관, 개인이 외부 기술과 서비스에

과도하게 의존하지 않고 디지털 인프라 · 데이터 · 기술을 통제하고 감독할 수 있는 능력을 말한다. 여기서 운영 관리는 인프라(물리적 레이어), 표준 · 코드(코드 레이어), 콘텐츠 · 데이터(정보 레이어)를 포괄한다.

디지털 주권은 흔히 다음 네 유형으로 설명될 수 있다. 첫째, 국가 주권(state sovereignty)은 전통적 영토 기반 통제 개념을 디지털 공간으로 확장하여 국가안보와 전략적 자율성을 확보하려는 방식이다. 인터넷 관리 · 감독, 데이터 지역화, 국가 단위 디지털 인프라 정책 등이 이에 해당한다.

둘째, 데이터 주권(data sovereignty)은 데이터의 소유 · 보관 · 접근 · 활용을 국가 법제와 규제 체계 안에서 통제하려는 방식으로, 개인정보 보호와 데이터 규범이 핵심이다.

셋째, 기술적 자율성(technological autonomy)은 외국 기술 · 플랫폼 · 기반 시설 의존도를 낮추고 자국 기술 생태계와 산업 경쟁력을 강화하려는 방향이다.

넷째, 이용자 자율성(user autonomy)은 시민이 디지털 기술의 주체적 이용자가 되도록 디지털 역량, 프라이버시, 알고리즘 투명성, 선택권 등을 강화하는 흐름이다.

이 네 유형은 서로 분리된 정책이 아니라 AI 주권으로 나아가기 위한 과정이자 단계다. AI는 데이터 주권의 문제를 확대 재생산하고, 기술적 자율성과 인프라의 문제를 핵심으로 끌어올리며, 이용자 자율성을 새로운 수준에서 요구한다. 따라서 AI 주권은 디지털 주권을 대체하는 개념이 아니라 디지털 주권의 네 축이 AI 시스템의 전 주기와 결합할 때 나타나는 고차원의 통제 구조로 이해하는 것이 타당하다.

AI 주권 강화를 위한 한국형 디지털 ODA

디지털 전환이 경제 · 사회 시스템을 혁신하는 동시에 디지털 격차를 심화시키고, 플랫폼 자본주의 구조 속에서 아프리카 개발도상국을 데이터 공급원 · 소비자로 고착시킬 수 있다는 우려는 점점 커지고 있다. 특히 거대 플랫폼이 표준과 규범, 서비스 접근권을 사실상 독점할 때, 개도국은 공공 서비스의 핵심 기능을 외부 기술에 위탁하는 구조에 놓이기 쉽다.

이런 위험을 완화하기 위해서는 디지털 ODA가 단순한 ICT 장비 지원이나 단기 교육 훈련을 넘어, 개도국이 디지털 체계를 자율적으로 운영 · 감독 · 개량할 권한과 역량을 확보하도록 돕는 방식으로 진화하고 전환되어야 한다. 한국은 이 지점에서 특별한 강점을 갖고 있다. 전자정부 운영 경험, 빠른 디지털 전환, 데이터 표준화, ICT 인프라 구축 역량, 그리고 AI 관련 법·정책 프레임을 토대로 개도국이 필요로 하는 디지털 인프라를 비교적 체계적으로 지원할 수 있다.

또한 한국은 글로벌 빅테크 국가가 아니기에 AI 모델과 데이터 독점을 전제로 한 전략을 반복하거나 유지해야 할 구조적 압박감에서 비교적 자유로운 위치에 있다. 오히려 공공재 기반, 개방형 협력, 공동 운영 모델을 설계할 여지와 이유가 크다. 이 점은 한국형 디지털 ODA가 아프리카를 대상으로 한 기술 수출이나 플랫폼 확장이 아니라 주권 강화형 협력 모델로 설계될 수 있는 조건이 된다.

한국형 디지털 ODA는 아프리카의 디지털 전환을 단순한 기술 이전이 아니라 독자적 운영 능력과 디지털 주권 확보를 목표로 하는 한국-아프리카 협력 모델 구축 기회로 삼을 수 있다. 이를 위해서는 디지털 ODA를 '교육 → 인프라 → 플랫폼 → AI 주권'으로 이어지는 디지털 생태계 사다리를 구성해야 한다. 이러한 아프리카 디지털 생태계 단계적 구조 속에서 역량 강화형 지원은 운영 인력을 만들고, 인프라형 지원은 실행 기반을 마련하며, 플랫폼형 지원은 공공 서비스 혁신을 촉진하고, 데이터형 지원은 최종적으로 AI 기반 디지털 공공재와 운영 가능한 AI 주권을 조성할 수 있다.

권리와 구조 관점에서의 AI 주권 설계

아프리카의 AI 주권 논의는 흔히 기술 확보나 모델 개발로 오해되기 쉽다. 그러나 AI 주권의 핵심은 기술 자체보다 권리와 구조에 있다. AI가 국가 운영의 핵심 인프라가 될수록, 모델의 성능만큼이나 모델의 작동 원리와 데이터 흐름, 편향과 안전성, 책임성과 투명성이 중요해진다. 따라서 아프리카 AI 주권을 위한 정책 설계는 다음과 같은 질문을 토대로 해야 한다. 첫째, 데이터와 모델, 평가 기준에 대한 접근권은 누구에게 있는가? 둘째, 공공 서비스에 투입되는 AI를 누가 운영하고 감독하는가? 셋째, 문제가 발견될 때 누가 수정하고 개량하며, 책임을 질 수 있는가?

이 질문에 대한 답과 열쇠가 외부 플랫폼과 빅테크 기업에게 있다면, AI는 공공 서비스의 효율화를 가져오는 동시에 국가의 핵심 기능을 외부에 위탁하는 위험한 결과를 초래할 수 있다. 반대로, 아프리카 국가가 공공 부문에서 최소한의 운영 역량과 데이터 거버넌스, 평가 체계를 보유한다면, AI는 교육 · 보건 · 행정의 포용성을 높이고 언어적 접근성을 확대하며 정책 집행의 효율성을 개선하는 공공 인프라가 될 수 있다.

여기서 한국형 디지털 ODA의 전략적 의미와 방향이 결정된다. 한국은 아프리카 국가들이 디지털 전환을 추진할 때, 기술을 제공하는 파트너가 아니라 운영 가능한 체계를 공동 설계하는 파트너가 되어야 한다. 즉, 한국형 디지털 ODA는 AI 주권을 접근권 · 운영권 · 개량권의 관점에서 설계하고, 이를 역량 강화형-인프라형-플랫폼형-데이터형의 사다리 구조로 연결함으로써, 아프리카 국가의 외부 플랫폼 의존을 줄이고 자국의 언어 · 사회적 요구를 반영하는 AI 운영 체계를 구축하도록 연대하고 지원하는 것이다.

아프리카와의 협력적 관계 구축을 위한 한국형 디지털 ODA 모델

AI 시대의 국제개발협력은 ICT4D를 넘어 AI4D(AI for Development)로 빠르게 전환되고 있다. 그러나 AI4D의 핵심은 AI를 얼마나 보급했는가가 아니다. 그것은 누가 데이터와 모델을 통제하고, 어떤 거버넌스와 규범 속에서 운영하며, 그 혜택과 위험을 어떻게 배분하는가라는 정치 · 제도 · 윤리의 문제다.

특히 아프리카처럼 다언어·다문화 사회에서 AI는 언어적 배제를 심화시킬 수도, 공공 서비스의 포용성을 확장할 수도 있다. 결국 방향을 결정하는 것은 기술의 성능이 아니라 구조의 설계다. 따라서 한국형 디지털 ODA가 지향해야 할 목표는 분명하다. 장비 지원이나 단기 시범사업 중심을 넘어, 개도국이 스스로 디지털 생태계를 운영하고 감시하며 개량할 수 있도록 주권 강화형 협력 모델로 전환해야 한다. 이는 아프리카를 AI를 전달하는 대상이 아니라 공동으로 설계하고 운영하는 파트너로 인식하는 관점을 전환을 의미한다.

이를 위해 한국형 디지털 ODA의 방향은 역량 강화, 인프라 구축, 플랫폼 조성,데이터 운영 관리 ODA를 단절적으로 추진하는 것이 아니라 상호 연계된 하나의 발전 경로로 설계할 필요가 있다. 인적·제도적 역량을 키우는 단계에서 출발해, 신뢰 가능한 디지털 인프라를 구축하고, 공공 서비스 플랫폼을 운영하며, 궁극적으로는 데이터와 AI 모델을 자율적으로 통제할 수 있는 단계로 나아가는 디지털 생태계 사다리 모델 방식의 접근이 정책적으로 제도화되어야 한다.

이 과정에서 디지털 주권의 네 가지 축인 국가 주권, 데이터 주권, 기술적 자율성, 이용자 자율성은 AI 주권의 운영 체계를 구성하는 핵심 기준점이 된다. 한국은 이러한 전환을 주도할 수 있는 독특한 조건과 강점을 지닌 국가다.

한국은 아프리카의 AI 주권을 지원하는 디지털 ODA를 통해 아프리카 국가들이 외부 플랫폼과 모델에 종속되지 않고, 자국의 언어 · 문화 · 사회적 맥락을 반영한 디지털 질서를 스스로 운영할 수 있도록 지원하며 끈끈한 관계를 구축할 수 있다. 동시에 이는 한국에게도 글로벌 사우스 차원의 연대와 파트너십을 확장할 수 있는 중요한 외교 및 개발협력 자산이 된다.

다극화된 국제사회에서 AI와 디지털 기술은 새로운 영향력의 주요 축이 되고 있다. 이러한 환경 속에서 한국형 디지털 ODA는 기술 경쟁의 논리를 반복하는 대신, 언어 다양성, 공공성, 포용성, 책임성을 핵심 가치로 삼는 협력 모델을 제시함으로써 국제사회에서 독자적인 역할과 기능을 수행할 수 있다.

즉, 아프리카와의 협력적 관계 구축을 위한 한국형 디지털 ODA는 운영 가능한 권리와 구조를 통해 신뢰를 축적하는 자산인 셈이다. 이것이 현실화될 때, 한국은 아프리카의 AI 주권을 지원하며 다극화된 국제사회에서 함께 디지털 미래를 설계하는 파트너로 지속 발전할 수 있을 것이다.

참고문헌

전온리(2025a). "AI 시대 아프리카 디지털 거버넌스 고찰: 데이터 프라이버시, 보호, 국가 안보, AI 주권 연계성을 중심으로". 《한국아프리카학회지》, 74, 163~190쪽.

전온리(2025b). "AI 주권과 한국형 디지털 ODA 남남협력 모델: 스와힐리어 LLM 구축 사례를 중심으로". 《한국아프리카학회지》, 76, 211~236쪽.

정지원 외(2011). "국제사회의 남남협력 현황과 우리의 추진방안". 《KEIP 연구보고서》, 11-17. 대외경제정책연구원.

Jeon, O. & Kim, K.(2024). Post 2024 Korea-Africa Summit: Analyzing Korea's Public Diplomacy Strategy and Prospects Towards Africa. *Journal of the Korean Association of African Studies, 72*, 3~33쪽.

Makulilo, A. B.(2024). Data Privacy in Africa: Talking stock of its development after two decades. *Data privacy law in Africa: Emerging perspectives*, pp.41~78. Pretoria University Press.

전온리(全溫里, Only Jeon)

한국외국어대학교 국가전략언어대학 아프리카학부에서 교수로 재직하고 있다. 교육공학 박사학위를 받아 경기대학교 교육대학원과 자유교양대학에서 디지털교육, 교육공학 및 교육방법을 강의하였다. 국제비영리 단체(iNGO)장으로 아프리카에서 20년 동안 교육 프로젝트를 운영했다. 2024년 과학기술정보부에서 시행하는 한국지능정보사회진흥원(NIA) 초거대 AI 확산 생태계 조성 사업인 아프리카(탄자니아) 문화·규범·관습 관련 학습데이터 구축 과제로 아프리카 대표 언어인 스와힐리어 AI 거대언어모델(LLM)을 개발하는 프로젝트의 과제 책임자였다. 또한, 배화여자대학교의 'AI 기반 도제수업 교과목 인증체계 수립 연구'의 책임연구자로 인공지능 기반 교육체계 프로젝트를 전담하였다.

주요 저서로 《스와힐리어, 아프리카 언어 이야기》(2025), 《봉고플라바》(2024) 등이 있다. "AI 시대 아프리카 디지털 거버넌스 고찰: 데이터 프라이버시, 보호, 국가 안보, AI, 주권 연계성을 중심으로"(2025) 등 아프리카 학제 간 연구주제로 20편 이상의 논문을 KCI 등재 학술지에 게재했다. 현재 사단법인 한국아프리카학회 총무이사다.